Sexualidade
Um guia de viagem para adolescentes

Sexualidade
Um guia de viagem para adolescentes

CRISTINA VASCONCELLOS

Ilustrações
PATRICIA LIMA

Martins Fontes
São Paulo 2002

Copyright © 2002, Livraria Martins Fontes Editora Ltda.,
São Paulo, para a presente edição.

1ª edição
novembro de 2002

Editora de texto
Márcia Lígia Guidin

Revisão técnica
Lucila Pires Evangelista

Preparação do original
Helena Guimarães Bittencourt

Revisão gráfica
Maria Regina Ribeiro Machado
Ivete Batista dos Santos

Produção gráfica
Geraldo Alves

Capa, projeto gráfico e paginação
Marcos Lisboa

Ilustrações
Patricia Lima

Fotolitos
Studio 3 Desenvolvimento Editorial

Impressão e acabamento
Yangraf

Dados Internacionais de Catalogação na Publicação (CIP)
(Câmara Brasileira do Livro, SP, Brasil)

Vasconcellos, Cristina
  Sexualidade : um guia de viagem para adolescentes / Cristina Vasconcellos ; ilustrações Patricia Lima. – São Paulo : Martins Fontes, 2002.

  ISBN 85-336-1690-2

  1. Educação sexual para adolescentes 2. Sexo – Obras de divulgação I. Lima, Patricia. II. Título.

02-6046	CDD-613.95107

Índices para catálogo sistemático:
1. Adolescentes : Sexualidade : Educação sexual   613.95107
2. Sexualidade : Adolescentes : Educação sexual   613.95107

Todos os direitos desta edição reservados à
Livraria Martins Fontes Editora Ltda.
Rua Conselheiro Ramalho, 330/340 01325-000 São Paulo SP Brasil
Tel. (11) 3241.3677 Fax (11) 3105.6867
e-mail: info@martinsfontes.com.br http://www.martinsfontes.com.br

DEDICATÓRIA

Aos meus filhos Júlia, Tiago e Arthur, que me fazem, a todo momento, aprender e reaprender as coisas da vida.

Ao meu companheiro Luli pelo constante incentivo, por toda troca e cumplicidade que existe entre nós.

Meu especial agradecimento, pelo carinho
e disponibilidade, a Dora Ford Racy,
Jany Lopes da Silva, Amadeu Pagnanelli Neto,
Ana Cristina De Mattia Ricitelli
e Márcia Lígia Guidin.

Apresentação 11

1. Verificando a bagagem 15

2. Para se preparar para esta viagem, preste atenção em você 21

3. Qual é a data do embarque? 29

4. Um importante visto no passaporte 37

5. Desembarcando em um novo país 44

6. O reconhecimento dos novos lugares 52

7. Alguns prazeres da sua viagem 64

8. Cuidado com as armadilhas e becos escuros 73

9. Durante a viagem você pode ficar, se enrolar, namorar... 84

10. Novos roteiros de viagem: como saber o que é bom para você? 93

SUMÁRIO

11. A primeira viagem... a primeira vez. 101

12. O que pesa na mochila das garotas e dos garotos. 111

13. Atração por alguém do mesmo sexo pesa na mochila de garotos e garotas. . . . 121

14. Camisinha não pode faltar na bagagem . . 131

15. Ponha na bagagem outro método contraceptivo além da camisinha. 141

16. Não ponha na mochila uma doença sexualmente transmissível. 153

17. Seu agente de viagens: o médico, o terapeuta. 164

18. Decifrando o mapa 178

19. Desfrutando de todo o prazer que sua viagem pode proporcionar 185

20. Uma viagem para toda a vida 192

APRESENTAÇÃO

O que me motivou a criar esta obra foi o desafio de escrever um livro sobre sexualidade, prazer e corpo especialmente dirigido a pré-adolescentes e adolescentes numa linguagem coloquial, sem preconceitos. Procurei abordar, de forma direta, dúvidas, anseios, medos, inseguranças e também as descobertas que a vivência da sexualidade traz.

Entre nove e doze anos, o corpo das garotas e dos garotos começa a produzir certos hormônios que são responsáveis por inúmeras transformações físicas. Mudanças na voz, crescimento dos seios, desenvolvimento do pênis, amadurecimento dos órgãos reprodutores e a chegada da primeira menstruação ou da primeira ejaculação, entre tantas outras mudanças, marcam o início de um processo chamado de puberdade.

Com essas transformações físicas, o jeito de pensar dos jovens, a maneira de ver o mundo e de se relacionar com pessoas e com suas emoções também começam a se modificar. A esse período de amadurecimento psicológico, de mudanças de sentimentos e sensações, damos o nome de adolescência.

Em razão da chegada da puberdade, do início da adolescência, o impulso sexual dos jovens vem à tona com intensidade, e você, adolescente, inicia uma inusitada e particular *viagem de descoberta e exploração da sua sexualidade.*

Esta é uma viagem repleta de desafios e de novas experiências que transformarão sua vida. Uma viagem que pode ser muito prazerosa, pode ser tranqüila, agradável. Tudo vai depender muito de você, das suas escolhas e de suas decisões.

É mais ou menos assim: imagine que você acaba de ganhar uma passagem para conhecer um outro país. Um país repleto de novidades, cheio de mistérios e desafios inusitados, onde se fala uma língua diferente da que você falava até então. A comida, o clima, o jeito das pessoas também são diferentes – enfim, tudo será novidade, será uma emocionante aventura!

Uma das opções que você tem é não se preocupar em se preparar para a viagem, e *deixar rolar para ver como é que fica*. Você joga umas tantas roupas na mala, espera o dia do embarque e parte com a cara e a coragem, decidindo viver um dia após o outro. Nesse caso, você está jogando com a sorte e, como em qualquer jogo, tanto pode se dar bem como pode se dar mal. Por exemplo, você pode estranhar a comida e ter uma forte diarréia. E, como não se preparou e deixou de levar na bagagem alguns remédios, pode perder parte do seu tempo num quarto de hotel. Esta é uma opção que, no meu entender, tem cara de acomodação, descaso com a própria vida, com a própria felicidade. Uma escolha que eu não defendo de forma nenhuma.

A outra opção é você *se ligar* na viagem desde logo e se preparar para ela. Você compra um guia e um dicionário de bolso, procura se garantir levando roupas para frio e calor, separa alguns remédios para levar na bagagem, consegue algumas informações sobre o que há de interessante para conhecer nesse país para onde você vai, tenta encontrar alguém que já tenha ido para o mesmo lugar ou procura um agente de viagens. Ou seja, ao se informar sobre as transformações que começam a ocorrer no seu corpo, sobre suas causas e conseqüências; ao tirar dúvidas, trocar idéias, refletir antes de tomar uma decisão e não se deixar influenciar por qualquer idéia ou qualquer pessoa, *você está deixando de jogar com a sorte, assumindo a responsabilidade pela sua vida.* Você está se preparando para realizar sua viagem. E, nesse caso, suas chances de desfrutar mais e melhor cada momento serão muitas e fascinantes. Esta, sim, é uma boa opção, uma escolha que eu defendo, para a qual dou toda força.

Por isso mesmo, a intenção deste livro é contribuir para que você se prepare para esta maravilhosa viagem. As informações contidas nele, as dicas e as opiniões dadas pretendem ajudar você a embarcar nessa viagem de descoberta e vivência de sua sexualidade com mais segurança, mais consciência.

As primeiras experiências afetivas e sexuais marcam muito a vida de uma pessoa. Está nas suas mãos fazer com que elas sejam boas, sejam felizes e façam você querer repeti-las por toda a vida. Lembre-se sempre: esta viagem é única. Ninguém vive duas vezes a adolescência.

Faça uma boa viagem!

VERIFICANDO A BAGAGEM 1

Parte da bagagem que você leva na viagem de exploração e vivência da sua sexualidade vem lá da sua infância, ela é fruto de sua educação. E nessa bagagem podem existir coisas que venham a ajudar você a tratar das questões relacionadas a sexo que surgirem no seu caminho com tranqüilidade, liberdade para experimentar, acertar, errar. Mas podem existir coisas que venham a atrapalhar, que façam você sentir receios, culpas, medo de arriscar, medo de se relacionar com os outros.

Por isso, para você entender melhor algumas das suas reações, das suas dificuldades ou facilidades em lidar com questões afetivas e sexuais, um bom recurso é lembrar como foi sua infância, lembrar como agiam seus pais ou as pessoas responsáveis pela sua educação.

Vá lá no armário ou no guarda-roupa, pegue seu álbum de fotografias e tente voltar ao passado. Procure conversar sobre sua infância com seus pais, avós e parentes próximos. Tente relembrar um pouco da sua história. Aguce sua memória. As recordações virão à tona se você deixar.

Um exemplo: o contato físico que a criança tem com pessoas que a cercam desde o nascimento e durante toda a infância é muito importante para o desenvolvimento da sexualidade. Existem, no entanto, alguns pais que têm dificuldade de manifestar afeto, de ter contato físico com seus filhos. Não são de dar beijo, abraço, pegar no colo, fazer um carinho, um aconchego. E isso pode, talvez, fazer com que seus filhos, mais tarde, tenham dificuldade de se relacionar, de manifestar a sua afetividade, pois não têm muitas referências a esse respeito.

Outro exemplo: começamos a nos conhecer, também, através do nosso próprio toque. O bebê, certo dia, descobre suas mãos e passa a brincar com elas; fica olhando para as mãos e as coloca na boca. O mesmo acontece com os pés e outras partes do seu corpo. Um dia o bebê também descobre seus genitais e passa a tocá-los.

Toda criança toca com freqüência nos genitais porque percebe que há certas partes do corpo que, ao serem tocadas, provocam uma sensação de prazer. Ela não tem ainda a consciência da relação entre sexo e prazer (que só se adquire mais tarde), mas já registra essa sensação particularmente agradável que sente ao tocar em seu genital e busca repeti-la outras vezes. A reação dos adultos, que é sentida pela criança quando ela começa a explorar seu corpo, ficará registrada na sua memória e vai influenciá-la mais tarde.

O que acontece é que existem pessoas que conseguem ver essa fase do desenvolvimento da criança com tranqüilidade. Mas existem, também, aquelas que se sentem inibidas com a situação e acabam passando para a criança esse seu constrangimento. Algumas pessoas ao verem uma criança tocando nos genitais a reprimem, às vezes até com agressividade. A criança acaba registrando na memória que o que ela está fazendo é errado, algo que não devia fazer. Mais tarde, na adolescência, essa criança poderá ter dificuldades em tocar em si mesma, pois, para ela, este prazer estará associado a coisas erradas. E, quando a gente acha que está fazendo algo errado, acaba sentindo culpa.

Outra coisa a ser vista é a dificuldade que algumas pessoas sentem em ficar sem roupa na frente dos outros, mesmo que sejam pessoas do mesmo sexo, como no vestiário da escola ou do clube. Ao iniciar suas experiências sexuais, elas sofrem por sentirem vergonha, timidez na hora de se despir. Essa dificuldade também pode estar relacionada à educação que tenham recebido na infância.

Encontramos pais que ficam sem roupa na frente dos filhos sem sentir vergonha ou constrangimento. Com isso, deixam seus filhos observar as diferenças que existem entre o corpo de um homem e de uma mulher, satisfazendo assim suas curiosidades espontaneamente.

Entretanto, algumas pessoas não encaram a nudez de forma natural e não acham certo pai e mãe ficarem sem roupa na frente dos filhos. A criança pode crescer com a sensação de que o corpo não deve ser mostrado, que ficar sem roupa na frente dos outros é feio, é errado.

Para Bia o dia da aula de educação física na escola era um problema. Enquanto todas as suas amigas trocavam de roupa no vestiário, umas na frente das outras, Bia somente conseguia trocar o uniforme trancada dentro do banheiro, longe de todas as amigas. Por um tempo ela conseguiu disfarçar sua vergonha de ficar sem roupa na frente das amigas, mas, certo dia, uma delas percebeu, e começaram os comentários e gozações.

Bia ficou muito chateada. Ela mesma não conseguia entender por que tinha tanta dificuldade de mostrar seu corpo. Foi conversando com sua melhor amiga, Jussara, que começou a entender de onde podia vir toda a sua vergonha. Seus pais eram muito reservados, nunca ficavam sem roupa na frente dos filhos, não admitiam que o irmão de Bia aparecesse sem roupa na frente dela. Na hora do banho, a porta do banheiro devia estar sempre trancada...

Bia percebeu que desde pequena ela havia aprendido que não devia mostrar seu corpo.

Quem tem dificuldade em ficar sem roupa na frente dos outros, inclusive na frente do seu parceiro ou parceira, deve tentar resolver isso com paciência, respeitando essa dificuldade. Violentar seus sentimentos, fazer algo sem que você esteja em condições de fazer não ajuda a superar seu problema. Vá com calma. Um dia você tenta ficar sem roupa no vestiário da escola, outro dia no clube, outro dia na casa de um amigo ou amiga. Dê um passo de cada vez.

E PARA FALAR SOBRE SEXO?

Não é sem razão que muitos jovens têm dificuldade de falar sobre sexo, fazer perguntas sem constrangimento ou vergonha, às vezes até mesmo com os amigos da mesma idade. A causa também pode estar vinculada ao jeito como foram tratadas suas dúvidas sobre esse assunto. Se sempre que uma criança faz uma pergunta sobre sexo ela tem sua pergunta ignorada ou recebe como respostas: "Porque é assim mesmo", "Agora a mamãe (ou o papai) não tem tempo para conversar sobre isso" ou "Quando você crescer, a gente conversa", é provável que ela cresça com a sensação de que sexo é assunto sobre o qual não se devem fazer perguntas, é assunto proibido.

Todas essas questões são alguns exemplos de como a educação que cada um recebe – a história de cada pessoa – tem reflexos no modo como ela sente e pensa as coisas hoje.

A causa de você ter mais dificuldade ou mais facilidade do que outras pessoas, mais espontaneidade ou mais vergonha em lidar com algumas situações relacionadas à sua sexualidade, ao seu corpo, em falar sobre sexo pode estar aí, na *bagagem* que você traz da sua infância.

E se você, depois de ter aguçado suas lembranças, chegar à conclusão de que até agora teve uma referência ruim sobre sexo? Vai fazer o quê? Trancar-se a sete chaves e ficar culpando seus pais ou os responsáveis pela sua educação? Vai armar a maior briga com eles? Será que essas atitudes vão levar você a algum lugar?

Não! Saiba que ter consciência de sua história é um bom caminho para você começar a se entender melhor e, assim, procurar meios para superar as dificuldades e se preparar para embarcar nessa viagem sabendo selecionar o que vale carregar na bagagem e o que deve ser deixado para trás.

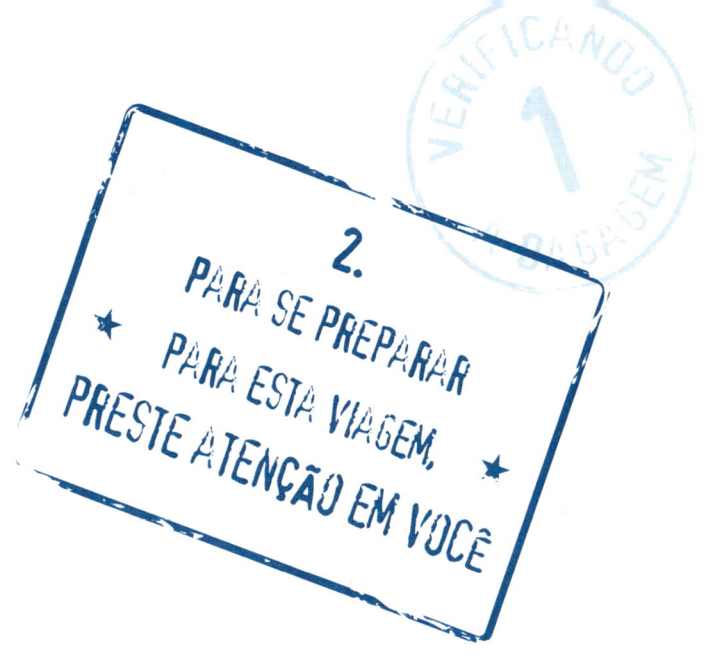

2. PARA SE PREPARAR PARA ESTA VIAGEM, PRESTE ATENÇÃO EM VOCÊ

As informações contidas num guia de viagem podem ajudar você, mas só elas não são suficientes para garantir o sucesso da sua viagem. Assim também ocorre quando se trata da vivência da sua sexualidade.

O assunto *sexo*, na atualidade, ao contrário do que acontecia no passado, passou a ser abordado mais abertamente, com mais freqüência. Esta mudança de atitude aconteceu, principalmente, por causa das campanhas de prevenção à Aids. Hoje já existe a disciplina de educação sexual em muitas escolas. A quantidade de livros publicados com estudos sobre o tema também cresceu muito. Revistas compradas em bancas de jornal, dirigidas aos adultos e aos adolescentes, sempre trazem matérias sobre sexo. Filmes com cenas eróticas podem ser vistos na televisão a qualquer hora da noite. Falar de sexo

passou a ser algo muito freqüente até mesmo nas conversas em família.

Isso não quer dizer que as pessoas estejam mais bem preparadas para lidar com a sua sexualidade. Tem muita gente por aí entrando em fria porque, apesar de bem informada, não coloca em prática o que sabe. De que adianta, por exemplo, uma pessoa saber tudo sobre camisinha se, na hora em que ela tem uma relação sexual, não a usa?

Tem muita gente, também, que pensa ter informações suficientes só porque leu uma revista aqui, outra ali, ouviu a conversa de algum amigo ou amiga mais experiente. Acontece que muitas informações sobre sexo que você encontra em revistas ou que são passadas por amigos e amigas, podem estar incorretas ou incompletas e acabam mais atrapalhando do que ajudando.

Para conseguir entender o que está se passando com você nesse momento e saber lidar com isso, você precisa mais do que reunir algumas informações sobre o assunto. Precisa prestar mais atenção em você, prestar atenção em cada emoção, cada sensação nova que desponta no seu corpo em transformação. A princípio, fazer isso pode não ser fácil, mas não desista, insista.

FICAR SOZINHO DENTRO DO QUARTO É UMA NECESSIDADE REAL

E para conseguir prestar atenção em você, é preciso que, em alguns momentos, você fique só, em silêncio. Ficar dentro do seu quarto, pensando só em você, nas suas coisas, nas suas emoções, nos seus sentimentos, é uma necessidade real que você deve aprender a respeitar.

Existem muitas coisas capazes de distrair os jovens, de fazer com que você não se dê esse tempo tão necessário ao sucesso da sua *viagem* de descoberta da sexualidade, das suas sensações. A televisão, o computador, a internet, a turma, além de transmitirem informações que nem sempre estão corretas, podem ser pretextos para você se ocupar e (por que não?) até fugir para não encarar o que está sentindo.

Você pode, também, deparar com a incompreensão daqueles que convivem com você. Muitos pais ou parentes não entendem e nem sempre respeitam sua necessidade de estar só e, por isso mesmo, fazem a maior pressão porque acham que o(a) filho(a) adolescente *só* quer ficar trancado(a) no quarto, sem ser incomodado(a), por horas. Mesmo que isso aconteça com você, evite abrir mão desse tempo de solidão porque ele é muito importante. Só não vale exagerar na dose de solidão nem exagerar na briga para conseguir esse espaço. Tente explicar para seus pais sua necessidade de estar só.

FALE COM ALGUÉM SOBRE SUAS ANGÚSTIAS, SUAS DÚVIDAS, SEUS MEDOS

Compartilhar suas experiências, falar de suas angústias, suas dúvidas e seus medos também é importante e pode ajudar muito. Quando a gente divide com alguém o que está sentindo – uma dificuldade, uma preocupação, uma dúvida –, isso pode nos trazer alívio. Às vezes a gente fica com uma grande preocupação sobre alguma coisa e, quando fala sobre isso com alguém, descobre que não precisava ter se preocupado tanto, que tudo era mais simples do que a gente imaginava.

Mas falar com quem? Cabe somente a você decidir quando e com quem dividir suas experiências e o que está sentindo. Cabe só a você decidir para quem pedir ajuda num momento difícil ou quando algo dá errado.

Algumas pessoas podem contar, incondicionalmente, com seus pais, mesmo quando o assunto é sexo. Outras, nem pensar. E existem algumas experiências que (mesmo tendo pais que dão abertura para falar sobre assuntos relacionados à sexualidade) você vai querer compartilhar com suas amigas, amigos, irmãos, pessoas da mesma idade ou com um professor, uma professora.

Lembre-se: não se deixe influenciar por ninguém. Fale, se abra com pessoas em quem você sinta confiança e cujos conselhos você goste de ouvir.

SAIBA PRESERVAR SUA INTIMIDADE

Experiências sexuais fazem parte da sua vida íntima, e, como são muito pessoais, devem ser tratadas com delicadeza, com cuidado.

Existem pessoas que não conseguem controlar-se, não conseguem guardar segredo de jeito nenhum e, enquanto não passam para a frente o que sabem, não sossegam. Outras sabem o valor da confiança e guardam um segredo, pra valer. Para você descobrir em quem pode confiar, comece se abrindo aos poucos. Puxe o assunto e veja como a pessoa reage. Espere passar um tempo para que você possa sentir como a pessoa vai lidar com o que você disse. Confiança é algo que se constrói com o tempo.

Daniela havia dado o seu primeiro beijo na boca. Ela e Marcelo estavam voltando da escola juntos num dia em que não haviam tido a última aula. Nesse dia eles decidiram parar um pouco numa praça que ficava no caminho de casa para dar um tempo, descansar, tomar um pouco de sol.

Havia algum tempo eles estavam se olhando, ficando mais tempo juntos, mostrando interesse um pelo outro. E foi aí que o beijo aconteceu.

Daniela, no começo, achou estranha a sensação de beijar na boca, mas depois gostou e curtiu aquele beijo demorado. Ao chegar em casa, imediatamente ligou para Susana, sua melhor amiga da classe, para contar o que havia acontecido entre ela e Marcelo. Depois de contar tudo, pediu segredo.

No dia seguinte, ao chegar à escola, Daniela percebeu que havia algo de estranho no ar. Susana, que tinha prometido guardar segredo, já havia contado a novidade para várias amigas e amigos.

ENCARE SEMPRE OS PROBLEMAS DE FRENTE

Uma coisa você não pode esquecer ao partir nessa viagem de descoberta da sua sexualidade: você é um ser humano, é gente, e gente acerta e erra. Mesmo buscando preparar-se bem para essa viagem, indo atrás de informações, reservando sempre um tempo para estar com você, procurando tirar suas dúvidas, dividir suas angústias com a pessoa certa, dificuldades e contratempos podem surgir porque fazem parte da vida.

E, quando os problemas aparecerem, lembre-se de que não adianta fazer de conta que não existem, não adianta ficar adiando uma solução ou ficar se lamentando. Isso tudo, além de não levar a lugar nenhum, acaba comprometendo o sucesso da sua viagem. Acredite que você pode lidar com esses problemas e que uma boa dose de bom humor, criatividade, jogo de cintura, ajudam você a superá-los. São muitos os recursos que você tem para se preparar bem para esta *viagem*. É só você se ligar e ir atrás deles.

2. PARA SE PREPARAR PARA ESTA VIAGEM, PRESTE ATENÇÃO EM VOCÊ

3 — QUAL É A DATA DO EMBARQUE?

Esta fascinante viagem de descoberta de tudo o que se relaciona ao sexo – desejos, atração, excitação, prazer – começa quando, por volta dos nove, dez anos para as meninas, e dos onze, doze anos para os meninos, o corpo passa a produzir hormônios sexuais, substâncias químicas que atuam em todo o corpo, principalmente sobre os órgãos reprodutores e o cérebro, e que são responsáveis pelas grandes transformações que ocorrem em cada um.

É a produção desses hormônios sexuais que faz com que a sua sexualidade, isto é, tudo em você que se relacione ao sexo, como os seus desejos, suas emoções, suas sensações físicas, o desenvolvimento do seu corpo, dos seus órgãos sexuais, ganhe um grande impulso. Você começa a se modificar e não vai mais se sentir como se sentia antes. Muita coisa na sua vida se transforma rapidamente. Seu desejo começa a ser mais percebido por você, fica à flor da pele.

São muitas as emoções, as sensações diferentes que você passa a sentir: é o frio no estômago que pega você de surpresa quando você vê alguém que desperta o seu interesse; é a vontade de ficar mais próximo de quem você gosta que aumenta e a vergonha que você sente de se aproximar; um beijo no rosto de alguém que até então não significava nada e, de repente, faz esquentar todo o seu corpo; é a sensação de formigamento em seus órgãos genitais quando você recebe um abraço de alguém que atrai você; é a sensação de ficar mal porque nenhuma das suas roupas lhe parece legal nesse seu corpo que está mudando; é a sensação de incompreensão por parte dos adultos; é a impressão de uma hora estar bem, entusiasmado e, no momento seguinte, se sentir mal, sem ânimo, sem vontade de nada. E tantas outras coisas mais!

Seu corpo sofre mudanças radicais – a voz engrossa, o cheiro do suor fica diferente, nascem espinhas no rosto, os órgãos sexuais crescem, seu aparelho reprodutor entra num processo de amadurecimento.

Seu jeito de pensar, de sentir as coisas, suas emoções, seus interesses também se modificam. Você passa a sentir novas sensações físicas que se relacionam ao prazer. Você começa a sentir atração por outra pessoa de um jeito diferente.

Rodrigo sempre foi um excelente aluno até que, no meio de uma aula, seus olhos encontraram os olhos de Maria Clara, sua colega de classe. Ela não desviou o olhar, se manteve firme olhando nos olhos dele e acabou por sorrir. Ele ficou um pouco sem graça, mas feliz. Ela o havia notado. Daquele dia em diante Rodrigo não conseguia fazer outra coisa que não fosse pensar no sorriso de Clara. As notas baixas do final daquele bimestre denunciaram sua falta de atenção nas aulas. Foi preciso que ele fizesse um esforço danado para dividir sua atenção entre ela e os estudos...

E sentir desejo pelo outro, desejo de trocar carícias, beijar, abraçar e relacionar-se sexualmente causa medo, insegurança, ansiedade e faz, sim, você perder a concentração nos estudos, não pensar em outra coisa. E isso é assim mesmo...

Maria Clara ficou surpresa com o insistente olhar de Rodrigo. Nenhum garoto havia olhado para ela daquele jeito. No caminho para casa não conseguia pensar em mais nada. Ao chegar, foi direto para o quarto, trocar de roupa. Na frente do espelho olhou para o seu corpo com mais atenção. Ela se deu conta de que seus seios estavam diferentes, um pouco maiores, estavam crescendo. Seu quadril estava mais redondo. Clara experimentou uma sensação de alegria e medo ao mesmo tempo. Pensou em Rodrigo e sorriu. Algo estava realmente mudando.

Sentir seu corpo se modificando sem que você tenha nenhum controle sobre tais mudanças, sem que você tenha nenhuma idéia de como ele vai ficar, sentir novas sensações aparecendo no seu corpo, também pode causar medo, insegurança, ansiedade.

Mas, à medida que você vai realizando essa inusitada e particular viagem de exploração da sua sexualidade, faz suas próprias descobertas, consegue adaptar-se às mudanças que ocorrem no seu corpo, começa a desvendar os mistérios de como se relacionar com outra pessoa, e aí, então, o medo vai passando, a ansiedade diminui. Você ganha segurança, confiança, auto-estima e fica mais fácil seguir viagem.

O MOMENTO DO EMBARQUE NÃO É IGUAL PARA TODO O MUNDO

Não dá para saber com exatidão em que momento seu corpo vai começar a produzir hormônios sexuais e se modificar. Mas um dia isto acontecerá, com certeza.

Em média, as primeiras transformações no corpo da maioria das meninas ocorrem em torno de dez, onze anos, e no corpo da maioria dos meninos em torno dos doze, treze anos. Não estar dentro dessa média faz muitas garotas e garotos se sentirem incomodados, preocupados. O crescimento *tardio*, como chamam os especialistas, nem sempre é encarado com tranqüilidade pelos jovens.

É mesmo difícil para muita garota encarar o fato de ser a única da classe que ainda não menstruou ou se sentir *uma tábua* em razão de seus seios não terem começado a se desenvolver, enquanto todas as outras meninas da turma estão exibindo seu primeiro sutiã. Também para os garotos não é fácil sentir-se com feições de menino, não ter barba, não ter pêlo no peito, ser o mais baixo da turma, enquanto todos os outros garotos estão ficando com corpo e cara de homem.

Mas, veja bem, não somos todos iguais uns aos outros, e é por isso que o corpo de cada um se desenvolve de um jeito diferente, em ritmos diferentes. É por isso que o embarque de cada um nessa viagem acontece em momentos diferentes. E, quando chega a puberdade, estar ou não estar na média não tem muita importância.

SOU NORMAL?

Uma coisa é certa, se você acha que o seu corpo está demorando muito para se desenvolver, não vale a pena ficar com essa dúvida atormentando a sua cabeça e angustiando o seu coração durante anos. Vá conferir. Primeiro procure saber com seus pais como foi o crescimento deles e de seus familiares próximos – avô, avó, tios, tias. Se seus pais ou familiares tiveram um crescimento tardio, provavelmente, você está indo pelo mesmo caminho e não há com que se preocupar.

Se não existirem casos de crescimento tardio na sua família, o melhor a fazer é consultar um médico e realizar alguns exames, porque, quanto mais rápido for detectado um eventual problema de crescimento, mais fácil será encontrar uma solução.

E tem mais uma coisa: o fato de você estar demorando mais para se desenvolver não quer dizer que vai ocorrer a mesma coisa com seus irmãos ou irmãs. Não tem nada a ver. Como você já sabe, cada pessoa é uma pessoa. Eles podem estar se desenvolvendo num ritmo e você em outro.

SAIBA QUAL É SUA TRIBO NESSA VIAGEM

Muitos adolescentes que se desenvolvem mais tarde que os outros acabam sofrendo muito com isso em razão da turma de amigos que têm. Existem turmas que se preocupam *exageradamente* com o corpo, que valorizam muito seus aspectos estéticos e ficam controlando cada pequena mudança que ocorre em cada um.

Se você faz parte de uma turma assim, e está tendo um crescimento tardio, há pelo menos duas coisas que você pode fazer: ou você se submete, agüenta o tranco para continuar fazendo parte dessa turma, ou chuta o pau da barraca e vai procurar outra turma que saiba respeitar o seu momento.

Outra coisa importante: não fique comparando o seu corpo com o corpo das outras pessoas. Não deixe, de jeito nenhum, de ir a festas, passeios, encontros porque está achando que seu corpo não cresce como você queria. Além de não adiantar nada se trancar a sete chaves, você acaba perdendo uma porção de oportunidades de se divertir, fazer novos amigos, conhecer coisas diferentes. Essa história de se sentir mal com o próprio corpo acontece com quase todos os adolescentes, até mesmo com aqueles que estão dentro da tal média.

Saiba esperar o tempo passar de um jeito inteligente, ou seja, sem deixar que nada estrague esse seu momento de descobertas e novas experiências. Se vierem com gozação para o seu lado, não perca o bom humor, o alto-astral. Perde a graça ficar tirando uma da cara de quem não se deixa abalar. Siga viagem porque novas aventuras esperam por você.

4
UM IMPORTANTE VISTO NO PASSAPORTE

Para entrar em alguns países é preciso ter, no passaporte, um visto, uma autorização. Sem esse visto, sem essa autorização, você não passa pelo setor de imigração.

O AMADURECIMENTO DOS ÓRGÃOS SEXUAIS MASCULINOS E FEMININOS

Em razão da produção dos hormônios sexuais, garotos e garotas ganham um importante visto em seus passaportes. Seus órgãos sexuais e reprodutores amadurecem e, em conseqüência disso, a garota tem a sua primeira menstruação, chamada de **menarca**, e o garoto tem a sua primeira ejaculação com a presença dos espermatozóides, chamada de

semenarca. Esse visto os credencia a ingressar no país da maternidade e da paternidade.

MENARCA, A PRIMEIRA MENSTRUAÇÃO DE UMA GAROTA

O momento da chegada da menarca, da primeira menstruação, varia de uma pessoa para outra. Normalmente a mulher fica menstruada pela primeira vez entre doze e dezesseis anos.

Quando os órgãos sexuais femininos amadurecem, os ovários passam a liberar todo mês um óvulo. Se, no momento de uma relação sexual, a mulher estiver no seu período fértil, ou seja, se um óvulo estiver caminhando em direção às tubas à espera de um espermatozóide, pode ocorrer a sua fecundação, e, aí, gravidez à vista! O óvulo fecundado, agora chamado embrião, desce para o útero para ali se alojar, crescer e gerar um bebê. Quando o óvulo não é fecundado, ele é expelido pela vagina junto com o sangue que estava revestindo a parede do útero, sinalizando que a mulher não está grávida. A eliminação desse sangue é a menstruação.

Às vezes, no momento em que o óvulo fecundado se fixa no útero, pode ocorrer um pequeno sangramento parecido com o início da menstruação. Muitas garotas e muitas mulheres adultas confundem esse sangramento com a menstruação e pensam que não estão grávidas, mas, na verdade, estão!

A menstruação pode durar de três a sete dias, e o seu fluxo, que é a quantidade de sangue que sai, pode ser ou não abundante. O ciclo menstrual – número de dias existentes entre o primeiro dia de uma menstruação e o primeiro dia da menstruação seguinte – também varia de mulher para mulher. Em geral, costuma durar de 21 até 35 dias. É comum que, até uns dois anos depois da menarca, a menstruação não se apresente com muita regularidade. Ela pode atrasar ou adiantar e pode também se ausentar durante alguns meses. Com o passar do tempo, a produção de hormônios sexuais tende a se estabilizar e a menstruação se torna mais regular. Fortes emoções, viagens, calor excessivo e remédios, entre outras razões, podem alterar o ciclo menstrual.

Muitas garotas, por volta de dez dias antes do primeiro dia da menstruação, sentem os sintomas da tensão pré-menstrual (TPM). A tensão pré-menstrual faz com que ocorram em você alterações de humor, irritação, angústia. Pode, também, fazer com que você sinta alguns incômodos físicos ligados à retenção de líquidos – seios e abdômen inchados, dor muscular e de cabeça. Todos esses sintomas físicos e emocionais surgem antes da menstruação e desaparecem com ela.

Apenas recentemente especialistas começaram a levar a sério os transtornos causados à mulher pela tensão pré-menstrual e a buscar as suas causas. Se o mal-estar que uma garota sente antes da menstruação é forte o suficiente para interferir na sua vida cotidiana, o melhor a fazer é procurar um médico.

Você também pode sentir cólicas antes ou durante o período menstrual. Em alguns casos, a razão das cólicas está na contração que a musculatura do útero faz para expulsar o sangue de dentro dele. Quando o útero se contrai, você tem a sensação de que sua barriga também se contrai. Se a dor vier dessas contrações, a forma mais simples de amenizá-la é colocar uma bolsa de água quente na barriga – mas não exagere na temperatura! O calor faz os músculos relaxarem, aliviando as cólicas. Se suas cólicas forem muito intensas e se repetirem toda vez que você ficar menstruada, também neste caso o melhor a fazer é consultar um médico ginecologista.

A menstruação não deve interferir nas atividades de uma mulher. É algo com que você terá de conviver por um bom tempo da sua vida, portanto procure realizar todas as suas atividades normalmente: lavar a cabeça, fazer exercícios físicos, ir à praia, ao clube, e até mesmo ter relações sexuais se você se sentir à vontade para isso.

A menarca é um momento muito esperado pela maioria das garotas. É um marco importante na vida de toda mulher porque indica que ela se tornou capaz de gerar um filho, de ser mãe. Indica que ela ganhou em seu passaporte o visto que a autoriza a ingressar no mundo da maternidade. O corpo, biologicamente, tem condições de gerar um novo ser.

Entretanto, *este visto no passaporte* somente deve ser usado bem mais tarde. Com a chegada da primeira menstruação, sua viagem de descoberta e vivência da sexualidade está só começando. Existem muitos lugares para você conhecer, muitas aventuras para você viver antes de se tornar mãe, de se tornar responsável por um outro ser.

SEMENARCA: A PRIMEIRA EJACULAÇÃO DE UM GAROTO COM ESPERMATOZÓIDES

Antes do amadurecimento dos órgãos sexuais o líquido ejaculado pelos meninos é um líquido viscoso, claro e transparente. Os hormônios sexuais que são produzidos na puberdade fazem com que os testículos amadureçam e passem a produzir os espermatozóides. O líquido ejaculado agora possui espermatozóides e é mais consistente, tem uma coloração esbranquiçada, leitosa, e um odor próprio.

A primeira ejaculação com espermatozóides também é um momento muito esperado pela maioria dos garotos, que costumam ejacular em cima de papéis para observar se ficam amarelos, em panos para verificar se grudam, na água para ver se o líquido tem viscosidade suficiente para se juntar em grandes gotas – tudo para conferir se os espermatozóides já estão lá. E sabe que todos esses métodos funcionam?

Antes da produção dos espermatozóides, o garoto, ao se masturbar, tem contrações ejaculatórias e sente prazer sexual, mas, quando passa a eliminar também os espermatozóides, ele ingressa no mundo do orgasmo, que representa um prazer sexual diferente do que ele vinha sentindo até então. É um prazer mais intenso, mais forte.

Quando os espermatozóides já formados não são eliminados conscientemente através da masturbação ou de uma relação sexual, o corpo busca um jeito de eliminá-los. Esta ejaculação inconsciente, que acontece enquanto você dorme, independentemente de estímulos externos, é chamada de polução noturna. Se um dia você acordar todo melecado, não se assuste, isso é normal e pode acontecer uma única vez, algumas vezes, com alguma freqüência, como pode, também, nunca acontecer com você.

A semenarca também é um marco na vida de um garoto, porque a partir desse dia, além de aumentar seu prazer sexual, ele passa a ter condições de engravidar uma garota, de se tornar pai. Ele passa a ter em seu passaporte o tal visto que possibilita que ele ingresse no mundo da paternidade. Mas vale aqui o alerta dado às garotas: esse visto somente deve ser usado mais tarde!

AS MUDANÇAS QUE OCORREM NO CORPO

As transformações que passam a ocorrer no seu corpo com a produção dos hormônios sexuais – aquelas substâncias químicas que atuam sobre todo o corpo, principalmente nos órgãos reprodutores – marcam o início da sua viagem de descoberta e vivência da sua sexualidade. Esse momento de transformações no corpo pode ser comparado ao momento da sua chegada, do seu desembarque em um novo país, quando você passa a ter de lidar com situações concretas – você tem de trocar dinheiro, encontrar um hotel para se hospedar, descobrir como fazer para se locomover de um lugar para outro e onde comer.

Em se tratando do seu corpo, você também vai ter de aprender a lidar no seu dia-a-dia com mudanças concretas que passam a ocorrer. Sua voz vai se modificar, vão crescer pêlos em seu corpo, o cheiro do seu suor vai se alterar; nas garotas, o seio começa a crescer, o quadril a aumentar; nos garotos, o pênis começa a se desenvolver...

O que acontece é mais ou menos assim: sabe aqueles tênis maravilhosos, que você usou apenas algumas vezes? Pois é, um dia você vai calçá-los e descobre que estão apertados. Aquela calça que você ganhou no seu aniversário? De uma hora para outra, não dá para fechar o botão. Você tem uma festa e está contando com aquele vestido novo e, para sua surpresa, ele já não serve por estar apertado no quadril ou no busto.

E não pense que as mudanças que ocorrem no seu corpo vão surgir de forma proporcional. Nas garotas essa falta de proporcionalidade chama mais a atenção. Às vezes a garota tem a impressão de que o quadril está ficando enorme, enquanto o resto do corpo continua o mesmo. Às vezes parece que só os seios resolveram crescer. Mas o corpo dos meninos também muda de forma desproporcional. Alguns, de repente, dão aquela espichada, ficam compridos e magros. Outros, primeiro começam a ficar mais encorpados, mas continuam baixinhos e, de uma hora para outra, ficam mais altos. Braços e pernas, mãos e pés crescem rapidamente, e você precisa de um tempo para se adaptar a seus novos tamanhos.

É muito comum os adolescentes esbarrarem em tudo, tropeçarem a toda hora, derrubarem as coisas, darem encontrão nas pessoas. À mesa, por exemplo, na hora do café da manhã, você estica o braço para alcançar a manteiga e, quando vê, já virou a xícara de café em cima da toalha.

Mudanças na voz

Tanto os garotos como as garotas modificam a voz na adolescência. A mudança da voz nos rapazes é muito mais fácil de perceber. Uma hora a voz dos garotos sai mais aguda, outra hora mais grave. Com o passar do tempo, ela vai se firmando e ficando grave. A voz das garotas também engrossa um pouco nessa fase, mas nelas existem outros sinais mais marcantes e visíveis da chegada da puberdade, como o crescimento dos seios e o arredondamento dos quadris e das coxas.

Crescimento de pêlos

O crescimento de pêlos é outro sinal, para meninos e meninas, da puberdade. Nas meninas os primeiros pêlos aparecem no púbis e, mais tarde, nas axilas. Nos meninos surgem no púbis, no saco escrotal, nas axilas, no rosto e no peito.

Quem comemora, mesmo, o surgimento de pêlos no corpo são os rapazes, que passam a fazer constante controle de quantidade a partir do momento em que surgem os primeiros. Alguns rapazes começam a ter barba e pêlo no corpo somente por volta dos dezessete e até dezoito anos, e isso, para eles, é motivo de muita chateação, faz com que se sintam envergonhados por não terem pêlos. E, se uns encanam com a ausência de pêlos, outros se sentem mal com o excesso.

O cheiro do corpo

Outra mudança, e bem significativa, é o cheiro do corpo, tanto o dos meninos como o das meninas. O suor, pela ação dos hormônios sexuais, começa a ter um cheiro forte, e o desodorante passa a fazer parte indispensável do dia-a-dia do adolescente.

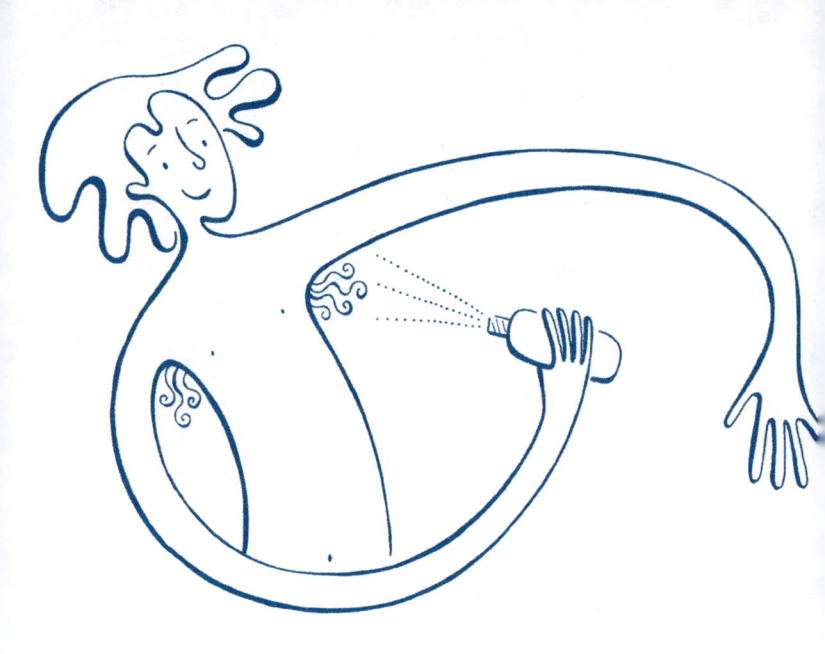

Ainda com relação ao cheiro, nas meninas, o cheiro dos genitais também muda, porque a mulher possui no local glândulas que passam a produzir uma transpiração com odor diferente. Esse cheiro é mais evidente em algumas meninas do que em outras. De qualquer forma, não se deve abusar de desodorantes íntimos ou outro tipo de perfume porque podem causar sérias irritações no local.

Espinhas sempre aparecem

O surgimento de espinhas no rosto é outra conseqüência da intensa produção de hormônios pelo seu corpo. Uma espinha aqui, outra ali sempre aparece, mas procure não espremer a pele porque isso só piora a situação. Um cravo, por exemplo, quando é cutucado, pode inflamar e virar uma infecção.

O que fazer, então, com uma espinha? Pasta de dente na cara, creme da amiga, fórmulas milagrosas que aparecem na TV... Esqueça tudo isso. Além de não resolver, pode agravar o problema. Não mexa, não cutuque, não aperte. Faça uma compressa com água boricada morna, por exemplo, mas cutucar nunca, porque peles mais sensíveis podem ficar marcadas para sempre!

Para alguns, as espinhas, nessa fase, são um problema sério. Muitos adolescentes chegam a ficar com o rosto repleto delas e se sentem muito mal. Além de doerem, fazem com que eles se sintam incomodados com a sua aparência, sem vontade de sair de casa. Uma forma de tentar solucionar o problema é procurar ajuda profissional. Mas tenha cautela na hora de escolher o profissional, porque uma lesão na pele pode ser irreversível e deixar marca para o resto da vida.

Desenvolvimento dos seios e do pênis

Os hormônios produzidos na puberdade também estimulam o crescimento dos seios. É comum ocorrer um aumento de tamanho do peito dos meninos em razão de um desequilíbrio na produção dos hormônios. Isso pode acontecer com sete em cada dez rapazes e tem até nome: ginecomastia. É preciso um pouco de paciência, pois, geralmente, esse aumento de tamanho desaparece.

O crescimento dos seios angustia a maioria das garotas. Não há como adivinhar quando os seios vão começar a desenvolver-se, o quanto vão crescer e como vão ficar. Normalmente, eles começam a aumentar de tamanho antes da primeira menstruação, mas podem dar sinal de vida mais tarde, por volta dos dezesseis, dezessete anos. Faça exercícios físicos para deixá-los firmes e fortes, mas isso não significa que eles vão aumentar de tamanho.

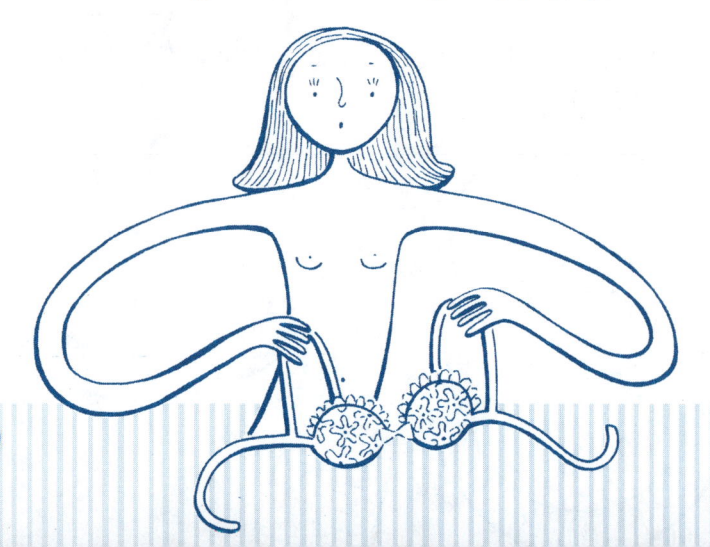

A escolha do sutiã é importante porque ele deve ser adequado ao tipo e tamanho dos seus seios e, principalmente, deve ser confortável. Caso você se sinta insegura na hora de comprá-lo, peça ajuda para alguém – uma amiga, sua mãe... Não fique acanhada de experimentar tantos quantos forem necessários até você encontrar um que faça você se sentir confortável. Lembre-se de que não adianta sua amiga ou sua mãe gostarem do sutiã, porque quem vai usá-lo é você.

Se, para as garotas, o crescimento dos seios é motivo de preocupação, para os garotos o motivo é o tamanho do pênis. Não há, também, como adivinhar quando o pênis vai começar a se desenvolver, aumentar de tamanho; ele pode começar a se modificar tanto no início da puberdade como mais tarde.

TENHA PACIÊNCIA, VÁ COM CALMA: VOCÊ ESTÁ DESEMBARCANDO EM UM NOVO PAÍS

Por mais que você tenha se preparado para ingressar nesse novo país, é normal que você sinta insegurança, sinta receio, sinta medo de não conseguir lidar bem com alguma situação. Você vai precisar de um tempo até conseguir relaxar, sentir-se com mais segurança para se movimentar nesse novo lugar, conseguir se acostumar com as mudanças.

Não tenha pressa, não fique achando que você tem de compreender tudo, saber lidar com tudo o que está lhe acontecendo de um dia para o outro. Tenha calma, tenha paciência, porque há muita coisa pela frente para você aprender, descobrir e viver.

6. O RECONHECIMENTO DOS NOVOS LUGARES

OS ÓRGÃOS SEXUAIS FEMININOS E MASCULINOS

Quando você chega a uma nova cidade, é interessante fazer o reconhecimento do lugar, dar um giro pelas ruas para descobrir onde ficam os melhores restaurantes, onde se localizam as lojas de câmbio que estejam sempre abertas, os melhores centros comerciais, museus, teatros, locais de lazer e casas de shows. Saber o que há disponível e onde as coisas estão localizadas vai facilitar na hora da sua escolha, enfim, ajuda você a desfrutar melhor da sua viagem.

Em se tratando da sua sexualidade, da descoberta do seu corpo – nesse momento em que o prazer passa a ser percebido por você com mais intensidade –, fazer esse reconhecimento também é muito importante.

Os órgãos sexuais femininos
por dentro e por fora

A grande maioria das mulheres passa toda a sua vida sem nunca ter visto seus próprios órgãos genitais, que, apesar de externos, não são aparentes. Mas basta você ter em mãos um pequeno espelho para resolver essa questão.

Pegue um espelho que você consiga segurar com uma mão. Ele não precisa ser muito grande, mas não pode ser pequeno demais. Deite-se na cama e apóie a cabeça em uma almofada alta, capaz de deixá-la levantada e bem apoiada. Fique com as pernas bem abertas e segure o espelho entre elas.

Toda a região que você vai ver refletida no espelho, que a partir da puberdade começa a ficar coberta por pêlos, é chamada de vulva, nome que se dá ao conjunto dos órgãos genitais externos da mulher.

A vulva começa no monte de Vênus, que é essa região que fica na frente, em cima de um osso chamado pubiano, e vai até o ânus. Toda a vulva é coberta de pêlos por ser um local muito sensível e que precisa de proteção. Não se deve depilar essa parte do corpo porque você corre o risco de irritar o local, além de deixá-lo desprotegido. Você pode depilar aqueles pêlos que crescem mais para fora, nas virilhas e coxas, aqueles que atrapalham o visual na hora de colocar um biquíni ou um maiô, não mais do que isso.

Refletidas no espelho você verá, ainda, duas pregas de pele, que na idade adulta ficam totalmente cobertas de pêlos, chamadas de grandes lábios. Eles se juntam e não deixam aparecer os demais órgãos sexuais externos da mulher. Afastando os grandes lábios, você verá, então, os pequenos lábios, o clitóris, a abertura da uretra e a abertura da vagina.

Os pequenos lábios são finos, não têm pêlos e protegem a entrada da vagina de microorganismos. Em cada lado dos pequenos lábios existe uma glândula, que não é visível, chamada glândula de Bartholin. Ela libera uma secreção quando a mulher está excitada, aumentando a umidade vaginal, o que deixa a mulher mais lubrificada e facilita a penetração do pênis na vagina durante a relação sexual.

Na parte superior, onde as extremidades dos pequenos lábios se unem, fica o clitóris, um dos maiores responsáveis pelo prazer sexual da mulher. A cabeça do clitóris é mais ou menos do tamanho de um botão de colarinho de camisa e é só a ponta de um complexo sistema de terminações nervosas que se projeta no interior do corpo feminino em direção à parte interna das coxas. O clitóris é parcialmente coberto por uma pele chamada capuz do clitóris, que se afasta quando a mulher fica excitada.

O clitóris é um dos órgãos do corpo feminino mais sensíveis à estimulação sexual: manualmente, com a boca ou pela fricção da entrada do pênis na vagina. Aliás, o clitóris é o único órgão do corpo humano cuja especialidade exclusiva é o prazer.

Quando a mulher vai ficando excitada sexualmente, ele se enche de sangue, aumenta um pouco de tamanho, fica mais duro, provocando, como consideram alguns, a versão feminina da ereção.

Logo abaixo do clitóris, protegida pelos pequenos lábios, fica a abertura da uretra, por onde sai a urina. A mulher, diferentemente do homem, possui um orifício específico para a saída da urina.

Abaixo da abertura da uretra, fica a entrada da vagina, por onde o pênis entra durante a relação sexual, por onde saem os bebês quando o parto é normal e por onde sai o sangue da menstruação.

As mulheres produzem uma secreção que se acumula entre os pequenos lábios e ao redor do clitóris chamada de esmegma, que pode causar irritação, coceira e um cheiro desagradável no local. Na hora do banho, não basta passar rapidinho a mão nos genitais, só por fora. É preciso criar o hábito de abrir os grandes e os pequenos lábios para retirar essa secreção.

Usando o espelho, é isso tudo o que você consegue ver. São esses os genitais externos femininos.

Os órgãos genitais internos da mulher são a vagina, o útero, os ovários e as tubas.

A vagina é um canal ou tubo formado por uma série de músculos de aproximadamente dez a doze centímetros, sendo mais estreita na entrada e larga no interior. É ela que faz a ligação entre os genitais externos e o útero, e possui uma característica muito especial, a elasticidade. Ela tem a capacidade de se expandir e de se contrair de tal forma que é possível se amoldar dentro dela qualquer tamanho de pênis, seja ele pequeno ou grande, e até mesmo permitir a passagem de um bebê no parto normal.

A uns dois centímetros da entrada da vagina fica o hímen – uma pele fina e delicada, cuja função fisiológica até hoje não se sabe ao certo qual é –, que possui um pequeno orifício, ou uma pequena abertura através da qual o sangue da menstruação sai e por onde é possível você introduzir um absorvente higiênico interno, sem que isso ocasione o seu rompimento ou faça você sentir dor.

Existem vários tipos de hímen. O mais comum é o chamado anular, porque o orifício existente nele parece um anel. Outro tipo sobre o qual se fala muito é o hímen complacente, mais grosso e elástico que os outros (semilunar, bilabiado, trilabiado, quadrilabiado, cribriforme). O hímen complacente, em vez de se romper quando a garota tem a sua primeira relação sexual, cede e depois volta à posição anterior. Alguns himens sangram ao se romper, enquanto outros não.

O reconhecimento dos novos lugares

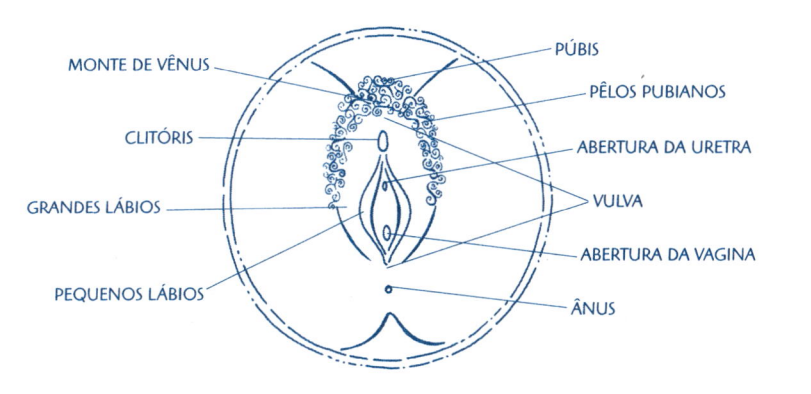

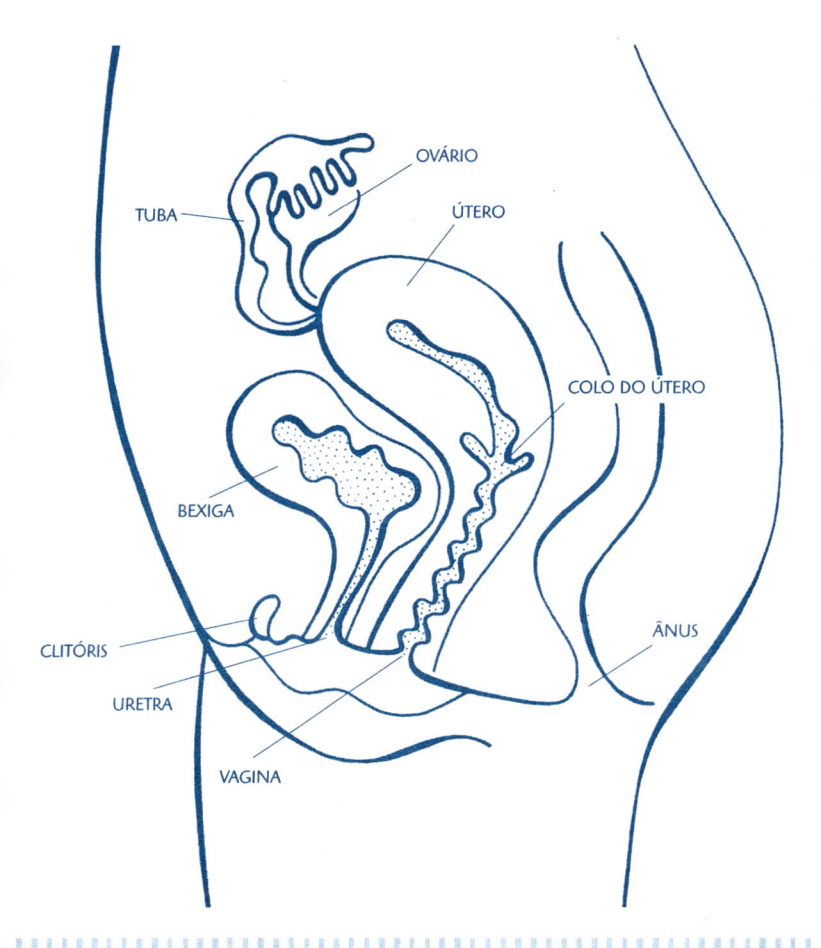

A vagina, além de ter elasticidade, é úmida. Essa umidade aumenta bastante quando a mulher está excitada para facilitar e tornar prazerosa a penetração.

Os ovários, em número de dois, ligados ao útero pelas tubas, são responsáveis pelo armazenamento e maturação dos óvulos e pela produção de hormônios femininos.

Os hormônios sexuais produzidos na puberdade fazem com que os óvulos, até então guardados nos ovários, amadureçam e passem a ser liberados, geralmente, um de cada vez, mês a mês.

No final da vagina encontramos o útero, órgão onde o feto se desenvolve durante a gravidez. A parte inferior do útero é chamada de colo do útero e possui uma pequena abertura por onde os espermatozóides, que são expelidos pela ejaculação numa relação sexual, penetram em direção às tubas em busca de um óvulo para fecundar.

Os órgãos sexuais masculinos por dentro e por fora

É bem fácil para o homem identificar seus órgãos sexuais externos. Não é preciso nem ficar na frente do espelho, basta dar uma olhadinha para baixo. São eles o pênis e a bolsa ou saco escrotal, popularmente conhecido como *saco*.

O pênis, órgão sexual masculino que mais prazer dá ao homem, é todo muito sensível aos estímulos sexuais. Na sua extremidade, na chamada cabeça do pênis ou glande, onde a pele é mais fina e macia, está localizada a sua região de maior sensibilidade.

Justamente por ser muito sensível, a glande é coberta por uma dobra de pele que foi batizada com o nome de prepúcio. Às vezes, o prepúcio forma um anel estreito que não permite a exposição da glande com facilidade, como deveria ocorrer, chegando a causar dor na hora da ereção, quando o pênis fica duro. O nome desse problema é fimose, facilmente resolvido por uma cirurgia chamada postectomia ou operação de fimose. Esta mesma cirurgia também é realizada por razões religiosas e culturais, como, por exemplo, entre judeus. Nesse caso, o nome dado a esta operação é circuncisão.

Os homens produzem entre o prepúcio e a glande uma secreção chamada esmegma. Na hora do banho, os garotos devem se lembrar de sempre puxar a pele para trás e limpar bem o local para não deixar acumular ali essa secreção, pois ela pode causar irritação, infecção e um cheiro desagradável.

O tamanho do pênis varia de homem para homem. Existem diferenças de tamanho entre dois pênis flácidos, moles, mas, quando eretos, duros, essa diferença diminui bastante, quase desaparece. Com base numa pesquisa feita no Brasil, chegou-se à conclusão de que o pênis ereto de um homem adulto varia de treze centímetros e meio a dezesseis centímetros e meio, sendo a média de catorze centímetros. Acredite se quiser, mas já correu por aí a falsa informação de que no Brasil o comum era o homem ter um pênis ereto com dezoito, vinte centímetros. Folclore, nada mais que puro folclore!

Todos os homens se perguntam, ao menos uma vez na vida, se o seu pênis é *de bom tamanho*. Já está provado, comprovado, que o tamanho do pênis não tem relação alguma com a capacidade de ter ou proporcionar prazer. Pesquisas mostram que o tamanho do pênis não importa para a maioria das garotas.

É normal, também, que o pênis tenha alguma curvatura. Dentro dele existem três cilindros, dois deles chamados *corpos cavernosos* e um chamado *corpo esponjoso*. Quando um homem fica excitado, com tesão, seu pênis fica ereto, duro, porque dois daqueles cilindros se enchem de sangue, aumentando o seu tamanho e provocando a ereção. Se um desses cilindros é um pouco menor do que o outro, e dificilmente eles são exatamente do mesmo tamanho, ele *esticará* menos durante a ereção, puxando o pênis para o lado. É isto que faz o pênis ficar um pouco torto ou curvo para um lado. Nada com o que se preocupar.

O reconhecimento dos novos lugares

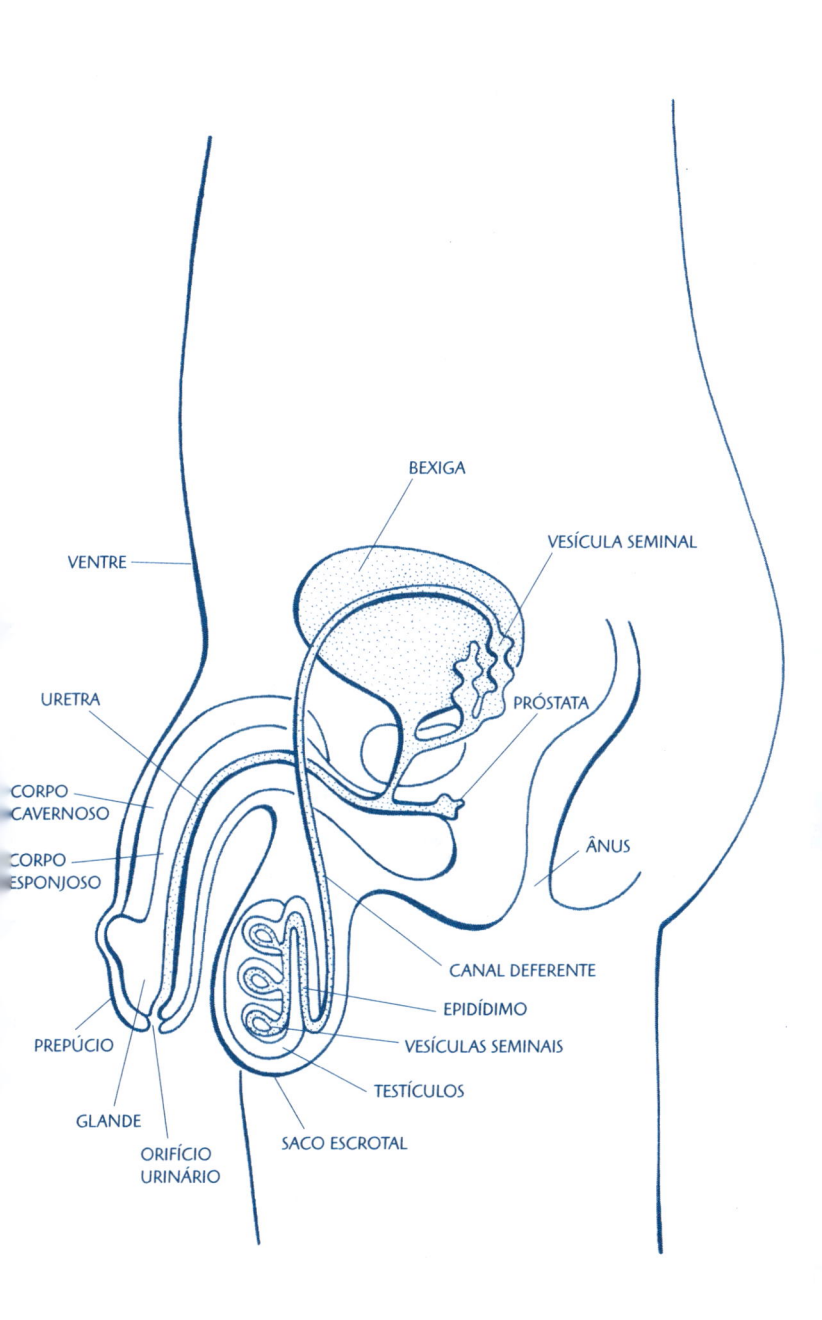

O saco escrotal fica pendurado atrás do pênis. É uma região muito sensível, que, se atingida por um chute, uma bolada, ou de alguma outra forma, pode causar muita dor. O saco escrotal é tão sensível que se ensina às mulheres que, numa situação de perigo, de violência sexual, um chute no saco do homem pode imobilizá-lo.

Dentro do saco escrotal estão os testículos, um dos órgãos sexuais internos do homem, conhecidos como as bolas do saco. Por volta dos doze, treze anos de idade, os testículos passam a produzir os espermatozóides – as células reprodutoras masculinas. Para se desenvolverem, os espermatozóides precisam estar a uma temperatura adequada e, para manter esta temperatura adequada ao desenvolvimento dos espermatozóides, o saco escrotal se alonga com o calor e se encolhe com o frio.

São ainda órgãos sexuais internos masculinos a uretra, o epidídimo, as vesículas seminais, os canais deferentes e a próstata.

A função do epidídimo é armazenar os espermatozóides para que amadureçam. Daí são conduzidos pelo canal deferente até a uretra, onde são misturados aos líquidos produzidos pelas vesículas seminais e pela próstata.

A uretra é o canal por onde sai a urina ou o líquido que é expelido através da ejaculação. Quando o garoto fica excitado, com tesão, seu pênis fica ereto. Essa excitação, quando chega ao auge provoca a ejaculação, ou seja, expulsão através da uretra de um líquido de uma coloração esbranquiçada, leitosa, que é chamado esperma, sêmen ou líquido seminal.

Durante a ejaculação, uma pequena válvula automática fecha a abertura entre a uretra e a bexiga. Se o homem é saudável, é praticamente impossível sua urina escapar durante a ejaculação.

7. ALGUNS PRAZERES DA SUA VIAGEM

Você já desembarcou, está instalado no hotel, fez o reconhecimento do lugar, trocou dinheiro, já sabe onde encontrar bons restaurantes. É chegada a hora, então, de começar a desfrutar de alguns prazeres que esta viagem pode lhe proporcionar. Através da masturbação, você pode viajar pelo seu próprio corpo e desfrutar de uma gostosa sensação de prazer.

MAS A MASTURBAÇÃO NÃO FAZ CRESCER PÊLO NA MÃO?

Não! Masturbação não faz crescer pêlo na mão, não faz nascer espinhas no rosto, não faz o pênis crescer sem parar ou ficar pequeno. Masturbação não causa impotência, esterilidade, frigidez, ejaculação precoce, não provoca cegueira, surdez, debilidade mental ou loucura! Em pleno século XXI existe, ainda, muito preconceito, muita falta de informação sobre este assunto.

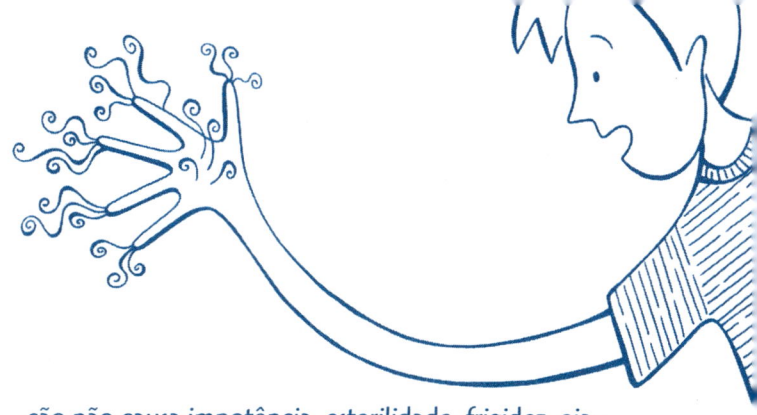

A masturbação nada mais é do que o ato solitário de acariciar o próprio genital em busca de uma sensação de prazer. Ela é uma maneira de você se conhecer melhor e ganhar intimidade com o seu corpo, de descobrir que partes desse corpo dão a você mais prazer. É você com você mesmo. É como se você começasse a andar sozinho pelas ruas da cidade do país que foi conhecer. Tudo é novidade. Cada nova descoberta de prazer faz você querer descobrir mais, querer sentir novas sensações. E, assim, você começa a viver sua sexualidade sentindo, mais concretamente, o prazer sexual, descobrindo como o seu corpo responde a certos estímulos.

O ato de se masturbar tem vários apelidos. No caso dos rapazes, pode ser: bater punheta, matar periquito a soco, descabelar o palhaço, descascar banana, bronha, entre outros. No caso das meninas, o mais conhecido é tocar siririca.

A hora do banho que até há pouco tempo era uma chatice porque obrigava você a sair da rua, parar uma brincadeira, torna-se uma fonte inesgotável de prazer. Podem gritar o quanto quiserem do lado de fora do banheiro: "Tá dormindo aí dentro?", "Pensa que você é sócio da companhia de água?", "Será que vamos ter de derrubar a porta?..." Nada importa, se o jovem estiver se masturbando.

DE QUE FORMA GAROTOS E GAROTAS COSTUMAM SE MASTURBAR?

Os garotos costumam se masturbar envolvendo o pênis com os dedos e movimentando a mão para baixo e para cima, fazendo uma certa pressão. A intensidade de pressão utilizada é uma questão de gosto pessoal. Tem que tomar cuidado para não apertar demais porque o pênis pode ficar dolorido, e isto não é nada agradável. Com a outra mão alguns estimulam outras partes do corpo, como o saco e o ânus. Outro jeito de os meninos se masturbarem é deitando-se de bruços e usando a mão para pressionar o pênis no colchão, reproduzindo, assim, os movimentos que o corpo faria no ato sexual. É claro que existem outras variações, dependendo da criatividade de cada um.

As meninas costumam masturbar-se das mais diversas maneiras, até andando de bicicleta ou esfregando discretamente uma coxa na outra. A forma mais comum é deitarem de costas com as pernas um pouco abertas, de maneira que possam estimular o clitóris e a vulva com os dedos ou algum outro objeto, como uma almofada ou uma toalha. O jato de água do chuveirinho também é bastante usado para estimular o clitóris.

As possibilidades de variações são inúmeras para garotos e garotas. Mas o que importa mesmo, principalmente para as garotas que, apesar dos tempos modernos, ainda recebem uma educação sexual diferenciada da dos meninos, cheia de tabus e preconceitos, *é a certeza de que a masturbação não faz mal, que ela faz bem, e é importante para ambos os sexos.* E aí é relaxar e se permitir sentir prazer.

Algumas garotas têm dúvida se seu hímen pode se romper caso se masturbem com um dedo dentro da vagina. Normalmente, na abertura existente no hímen, necessária para que o sangue da menstruação tenha por onde sair, cabe um dedo sem que isso faça com que ele se rompa. Mas, se forem introduzidos na vagina objetos semelhantes ao tamanho e à consistência de um pênis duro, aí o hímen pode se romper, sim.

FREQÜÊNCIA COM QUE AS PESSOAS SE MASTURBAM

Outra dúvida de garotos e garotas é sobre quantas vezes por dia, por semana ou por mês é considerado normal uma pessoa se masturbar.

Pense um pouco: você acha legal uma pessoa que não consegue sair da frente da televisão ou da internet, não consegue estudar, sair com os amigos, só fica vendo televisão ou sentada à frente do computador o dia todo? Você acha que está tudo bem com alguém que não consegue parar de comer, que a toda hora precisa estar mastigando alguma coisa? Claro que não, não é? Quando você perde o controle da situação, isso quer dizer que algo não vai bem.

Para a masturbação vale o mesmo. Você deve começar a se preocupar se, em razão da constante prática da masturbação, suas atividades normais estiverem prejudicadas ou se você estiver perdendo o controle da situação e não conseguir mais administrar sua vontade nem segurar seu desejo. Sabe como é? A pessoa sente vontade de se marturbar e não consegue pensar ou fazer mais nada enquanto não satisfizer essa vontade, esteja onde estiver. Está na cara que isso não é legal, que algo não vai bem.

E aí? A solução está nas suas mãos. Você pode sim, e deve, assumir o controle da situação. É preciso, obviamente, de uma certa dose de força de vontade. E, se você sentir que não está dando conta da situação sozinho, procure ajuda.

Você também não deve se preocupar se não tem vontade de se masturbar todo dia, se você se masturba só de vez em quando. Não é porque seus amigos ou amigas se masturbam com mais freqüência que você deva ser igual a eles ou a elas. Não se esqueça de que cada um tem o seu jeito de lidar com as coisas, seu ritmo próprio.

É bastante comum dois ou mais garotos se masturbarem juntos e também muito conhecido o campeonato de ejaculação no banheiro da escola. Garotos ficam querendo saber quem ejacula mais rápido, quem ejacula mais longe, quem segura mais tempo. As meninas, por sua vez, costumam ser mais reservadas, mas algumas também se masturbam juntas. Tudo isso faz parte da busca de cada um naquele momento.

PRIVACIDADE: CADA UM TEM QUE TOMAR CONTA DA SUA

Por isso, se ligue! Quando você estiver a fim de se masturbar, verifique se o lugar escolhido é apropriado, se não há riscos de alguém pegar você de surpresa e ficar aquela situação chata, constrangedora.

Não se esqueça de trancar a porta do quarto, do banheiro, para não ser surpreendido por outra pessoa – não porque você esteja fazendo algo proibido ou errado e, sim, porque este é um momento que merece privacidade.

Pedro estava se masturbando em seu quarto, numa certa tarde, e havia se esquecido de trancar a porta. Alice, uma amiga da irmã de Pedro, que havia ido fazer um trabalho em grupo na casa deles, confundiu a porta dos quartos, abriu a porta do quarto de Pedro e o surpreendeu se marturbando.

Rapidamente Alice fechou a porta, mas Pedro nunca mais esqueceu a cara de espanto que a menina fez. Ele nunca ficou sabendo ao certo o que Alice viu, mas ficou difícil encará-la depois desse dia.

O pior é que Alice se tornou a melhor amiga de sua irmã, e, além de cruzar com ela na escola, ele a encontrava com freqüência em sua própria casa. E sempre que Pedro a via voltava a sentir a desagradável sensação de ter sido surpreendido na sua intimidade.

A REAÇÃO DOS ADULTOS

As pessoas, na idade adulta, continuam se masturbando. Pesquisas mostram que 90% das pessoas se masturbam durante a sua vida toda, inclusive na velhice. Mesmo assim, a maioria dos pais, quando percebe que seus filhos estão se masturbando, demonstra grande dificuldade de lidar com o fato. Alguns costumam ter reações estranhas, desde arregalarem os olhos e respirarem fundo tentando disfarçar o mal-estar, até saírem esbravejando que "aquilo é uma pouca-vergonha". Mesmo alguns pais com a cabeça mais aberta ficam um pouco incomodados com a situação. Talvez por se tratar de algo íntimo, privado, por se tratar de algo relacionado ao sexo, ao prazer – coisas difíceis de lidar, para a grande maioria das pessoas.

Apesar da reação que possam ter os adultos com quem você convive, o importante é a sua certeza de que a masturbação, além de lhe proporcionar prazer, ajuda você a conhecer o seu corpo, a reconhecer em que partes você sente mais prazer. E isso vai também ajudar quando você iniciar suas experiências sexuais com o seu par.

Sempre que você decidir se masturbar, saiba escolher um bom momento, com tempo para você curtir seu corpo, suas sensações. Existem pessoas que se valem de certos recursos para se excitar – olham revistas, lêem histórias eróticas, ouvem música, deixam o ambiente à meia-luz. Nada impede que você se masturbe rapidinho, mas saiba também curtir esse momento, que pode dar a você muito, mas muito prazer.

Uma dica para os meninos: ao se masturbar, você pode aproveitar para treinar como colocar e tirar a camisinha. Quanto mais familiarizado com a camisinha você estiver, menores as chances de dar zebra.

E ponha para correr essa culpa toda que muitos tentam incutir na sua cabeça. Exorcize-a de dentro de você e desde logo se permita ter prazer sem culpa.

8. CUIDADO COM AS ARMADILHAS E BECOS ESCUROS

Lugares perigosos, becos escuros, armadilhas que podem colocar em risco a sua vida, sua segurança, sua integridade física e psicológica existem em qualquer lugar do mundo. É preciso tomar cuidado, prestar atenção, usar a inteligência, a intuição ao escolher aonde ir, quando ir, por onde passar, com quem se relacionar, para correr o menor risco possível.

Quando você está num lugar que ainda não conhece bem, num novo país, numa nova cidade, é importante seguir as orientações, as indicações de quem mora lá e sabe quais lugares são perigosos, a quais bairros você não deve ir à noite ou aonde não deve ir sem companhia. Preste sempre atenção às orientações de quem sabe mais das coisas do que você porque conhece o lugar há mais tempo e isso pode livrar você de algumas armadilhas.

ANOREXIA NERVOSA

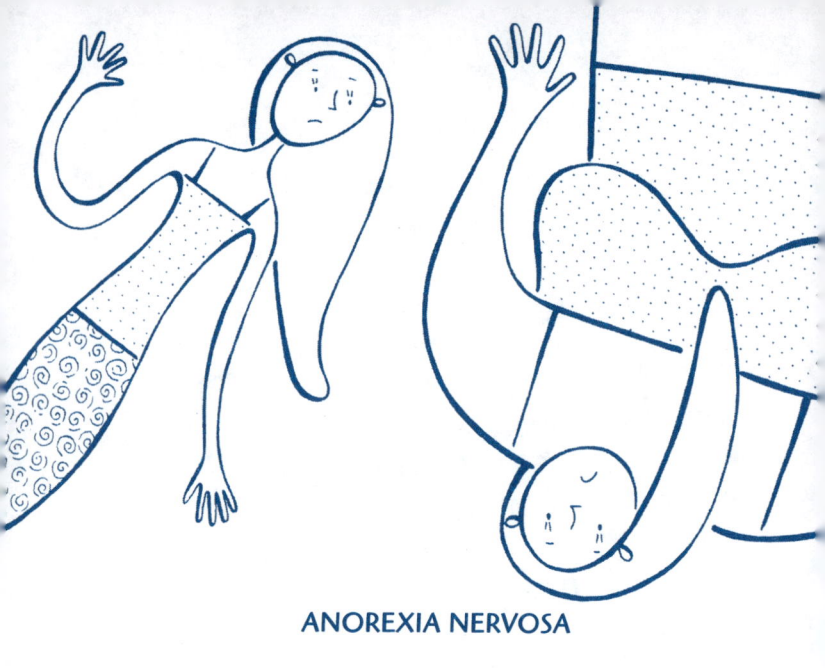

A anorexia nervosa é uma dessas armadilhas que você pode encontrar em sua viagem. Você já ouviu falar dessa doença? Ela deixa a pessoa obcecada por emagrecer, só pensando nisso: emagrecer a qualquer custo. Ela perde o senso de realidade, pois está emagrecendo a olhos vistos, está definhando e continua se achando gorda. Emagrecer passa a ser uma idéia fixa.

No início da doença quem tem anorexia sente fome, mas se obriga a não comer. Depois de algum tempo em jejum, já não sente fome e perde a vontade de comer qualquer coisa. O corpo vai gastando as reservas que possui até já não ter de onde tirar, e aí a única saída é internar a pessoa num hospital para ser tratada e não morrer.

Esta doença tem grande incidência entre adolescentes e adultos jovens, principalmente entre as meninas, porque, quando o corpo das garotas começa a ficar mais arredondado, o quadril e as coxas mais salientes, a cintura mais acentuada, a maioria delas encana que está ficando gorda e aí, então, passa a achar que precisa emagrecer de qualquer maneira. Basta o ponteiro da balança subir um pouco que bate aquele desespero, levando muita gente a fazer algumas dietas capazes de deixar qualquer um doente. O pior é que não resolvem nada. É dieta da lua, dieta da sopa, dieta de uma fruta só...

Até mesmo aquelas meninas que sempre foram magérrimas ficam achando que estão engordando. Na verdade, não estão; o corpo é que está deixando de ter um formato infantil, mais reto, para, aos poucos, ganhar os contornos de um corpo de mulher.

Na adolescência, meninas e meninos, em razão de estarem se desenvolvendo fisicamente, podem ter um aumento de apetite. Mas o que os engorda é o fato de comerem além do necessário, de não fazerem refeições balanceadas, com poucas calorias. A maioria exagera nas refeições fora de hora, come sanduíches cheios de gordura, muitos salgadinhos, batatas fritas, doces, sorvetes, refrigerantes. E, se você ingere mais calorias do que gasta, o resultado é matemático: aumento de peso. E quem desde criança demonstrou ter tendência a engordar, acaba engordando *pra valer*.

Se você acha que está acima do peso, primeiro confira se isso é real, porque pode ser pura encanação. Pense um pouco se você não está querendo ter um corpo completamente fora da sua realidade, da sua tendência hereditária. E, se você, realmente, estiver acima do peso, saiba que essas dietas malucas não resolvem o problema.

O que fazer? Você vai precisar se esforçar para mudar seus hábitos alimentares. Deve parar de comer fora de hora, fazer ao menos três refeições ao dia, nas horas certas, sem estar fazendo outra coisa ao mesmo tempo, como, por exemplo, vendo televisão, mexendo no computador. Deve ingerir alimentos saudáveis, como frutas e verduras, beber bastante água, diminuir a quantidade de calorias, fazer exercícios físicos, aprender a controlar a sua vontade de comer alimentos muito calóricos, como chocolates, doces em geral, frituras.

Não se esqueça de que muitas transformações estão acontecendo no seu corpo e só em alguns anos ele vai ganhar forma e proporcionalidade de um corpo adulto. E, enquanto isso não acontece, o que fazer? Ficar em casa, de mau humor, amargando a maior solidão, esperando os anos passarem até que todas as transformações no seu corpo se completem?

Fazer isso é como se, depois de desembarcar no país para onde você foi viajar, diante da primeira dificuldade, você decidisse se trancar no quarto do hotel e só saísse de lá para fazer o mínimo necessário. Você estaria perdendo a oportunidade de viver uma grande aventura.

ABUSOS SEXUAIS

Os abusos sexuais são outras armadilhas, são becos escuros – e que podem até parecer sem saída – que você pode encontrar no seu caminho. Comete abuso sexual um adulto que se aproveita de uma criança ou de um adolescente para seu prazer sexual. Os desejos e as fantasias sexuais desse adulto são satisfeitas através do olhar, ou – pior ainda – ao fazer carícias ou até forçar uma relação sexual com uma criança ou com um adolescente. E este adulto está em situação de vantagem porque é maior, mais vivido e conta com a falta de experiência, de maturidade e com a ingenuidade da criança ou do jovem para obter prazer sexual.

Essas armadilhas podem estar dentro de casa. Na maioria das vezes, pelo que se lê em relatos e pesquisas, os abusos sexuais são praticados por pessoas conhecidas, em quem a criança ou o jovem confia, por quem ele tem um sentimento de afeto, de carinho e até amor – e são praticados dentro da própria família: um tio, um avô, um cunhado, um irmão, o próprio pai ou padrasto são os seus autores. São pessoas de quem, dificilmente, os outros familiares desconfiam. Muitas vezes, estes familiares que vivem na mesma casa nem sabem o que esta pessoa está querendo fazer ou o que já está fazendo.

Pessoas de fora da família também são autores de abusos sexuais. Mas nem sempre o adulto se utiliza de violência física para conseguir manter um relacionamento sexual com a criança ou com o adolescente. Muitas vezes ele usa a sedução, aquela conversa que envolve: por exemplo, promete presentes, passeios, diz que é capaz de conseguir para a garota um teste para modelo ou uma sessão de fotos em uma agência famosa ou, em se tratando de um menino, uma colocação num time esportivo... Pode também ameaçar a criança ou o jovem: diz que vai fazer algo de ruim, de grave com alguém próximo ou com a própria pessoa se ela se negar a aceitar ou se contar para os outros o que está acontecendo.

Muita gente pensa que casos de abuso sexual só ocorrem nas classes sociais menos favorecidas. Isso não é verdade! Os abusos sexuais acontecem em todas as classes sociais, tanto com meninas como com meninos. Ou seja, qualquer um pode deparar com uma dessas armadilhas pela sua frente.

São várias as situações que caracterizam um abuso sexual, e todas são punidas pela lei com penas maiores ou menores de acordo com a gravidade do crime cometido. Quem abusa sexualmente de uma criança ou menor de idade é considerado um criminoso, sim, e deve, sim, ser denunciado às autoridades.

Pedofilia e incesto

A pedofilia, por exemplo, está relacionada a abusos sexuais. Pedófila é aquela pessoa que sente atração sexual por crianças e adolescentes. Aparenta ser uma pessoa normal, pode estar dentro de casa – ser o pai, o padrasto, o tio, etc. –, pode, também, ser um vizinho, um amigo da família, alguém que trabalha ou tem contatos freqüentes com crianças ou jovens: um professor, o médico, o treinador, um monitor em um acampamento, um padre, um pastor. Normalmente é uma pessoa envolvente, sedutora, que aos poucos vai ganhando a confiança até conseguir o que quer. Muitos casos de pedofilia têm sido noticiados nos jornais e redes de televisão do mundo todo porque cresce em todos os lugares a preocupação de profissionais, autoridades, pais, instituições, em punir as pessoas que cometem esse tipo de crime.

Quando é o pai ou alguém com laços de sangue que faz sexo com os filhos e parentes, isso é considerado *incesto* e também é considerado abuso sexual punido pela lei. São em maior número os casos de pais que obrigam suas filhas a fazerem sexo com eles. Muitos pais, para conseguirem trocar carícias sexuais, para terem uma relação sexual com as filhas ou filhos, usam da sedução, tentam convencer de que se trata de amor, um amor diferente que deve ficar em segredo; outros usam mesmo da violência e da ameaça para conseguir o que querem e para que o segredo seja mantido.

Desejar um relacionamento íntimo, envolvendo carícias sexuais com a filha ou o filho *não* é uma demonstração de amor normal, e esta situação traz grande confusão para a cabeça e os sentimentos de uma criança ou de um jovem. Desperta o medo, a vergonha, faz com que o amor e o ódio, a repulsa pelo pai, caminhem juntos.

Estupro

O estupro também é abuso sexual e é considerado crime muito grave porque força, obriga a outra pessoa, usando de violência ou fazendo uma ameaça muito séria, a ter uma relação sexual contra a vontade. Saiba que um estupro pode ocorrer não só em se tratando de um adulto e uma criança ou adolescente, mas também entre jovens. O garoto que obriga a namorada ou a garota com quem ele está ficando a ter uma relação sexual, à força, também está praticando uma *violência sexual*. A única diferença está na forma como esse garoto vai ser encarado pela lei, caso ele não seja maior de idade.

COMO EVITAR CAIR NESSAS ARMADILHAS?

Para evitar cair nessas armadilhas e entrar num desses becos escuros, você precisa prestar atenção na atitude do adulto, no jeito como ele tenta se aproximar, no tipo de carinho que ele tenta fazer. Procure comparar como ele trata você e as outras pessoas da sua idade. Se você se mantiver alerta, ouvindo a sua intuição, seus sentimentos, vai conseguir perceber que algo não está legal, não está caindo bem. Antes de aceitar promessas tentadoras, pense um pouco, raciocine, use a sua razão, a sua inteligência. Não se intimide com ameaças. Busque força e coragem dentro de você, resista e *imediatamente procure ajuda*. Não dê moleza, não espere que algo aconteça concretamente para ir atrás de ajuda. Ao menor sinal de que alguém pode querer abusar de você, mesmo que esse alguém seja muito próximo, da família ou do círculo de amigos, deixe o medo, a vergonha de lado, crie coragem e denuncie.

E, se você já tiver caído numa dessas armadilhas e estiver vivendo uma situação de abuso sexual, uma coisa é certa: por mais que a armadilha seja bem feita ou que o beco pareça sem saída, *sempre há uma saída*. Ela pode não ser fácil, mas sempre há um jeito de você romper com uma situação de abuso sexual. É preciso força, coragem, determinação, é preciso que você acredite que vai conseguir. Se quem está abusando sexualmente de você é alguém da sua família, seu pai ou padrasto, por exemplo, o melhor é procurar ajuda fora de casa. Pare um pouco para pensar em quem pode ajudar você – um professor, um terapeuta, um médico. Se quem abusa de você é de fora, fale com seus pais, seus familiares. Peça ajuda sempre, não desista nem continue se submetendo a essa situação.

O abuso sexual pode ou não deixar marcas físicas, mas deixará certamente marcas psicológicas, nos sentimentos, nas emoções daquele que passou por isso. Essa pessoa vai precisar de tratamento, de cuidado, de atenção para que supere a situação e volte a ter uma vida normal. A pessoa que um dia sofreu um abuso sexual pode, sim, ter uma vida sexual normal, feliz, mas para isso não pode fazer de conta que não aconteceu nada. Ela precisa aceitar a ajuda de um terapeuta, de um médico especialista ou de grupos de pessoas que tenham passado pela mesma situação para que ela consiga pensar sobre suas emoções, seus medos, sua raiva e deixar no passado aquilo que viveu. Em vários hospitais públicos do país existem serviços de ajuda a pessoas que sofreram abusos sexuais.

Lembre sempre: ninguém pode obrigar você a manter um contato sexual íntimo, a manter uma relação sexual contra a sua vontade. Isso é crime e, seja lá quem for o autor desse crime, deve ser denunciado, deve ser punido. Nem você, nem ninguém, merece passar por uma situação dessas.

9

DURANTE A VIAGEM VOCÊ PODE FICAR, SE ENROLAR, NAMORAR...

Nesse momento em que suas sensações estão à flor da pele, como nunca estiveram até então, chega uma hora em que você quer ir além da masturbação (que é uma maneira solitária de obter prazer). Você quer saber como é beijar na boca, beijo de língua, como é sentir uma mão, que não seja a sua própria, percorrendo todo o seu corpo. Chega uma hora que você quer experimentar a sensação de ficar abraçado, bem juntinho, sentindo a respiração, o cheiro, o calor de outra pessoa.

Você sente necessidade de prosseguir viagem, conhecer outros lugares, outras paisagens. A vontade de se relacionar com outra pessoa começa a tomar conta do seu corpo, do seu coração, da sua cabeça. Mas se relacionar como? Fazer o quê? Até onde ir?

FICAR

Ficar é um modo de se relacionar com outra pessoa, de experimentar, explorar, descobrir a própria sexualidade. É uma forma de conhecer suas sensações, as reações do seu corpo ao ser tocado, acariciado por outra pessoa e também conhecer as reações do corpo do outro, ao ser tocado, acariciado por você.

A marca registrada do *ficar* é a troca de intimidades físicas e a ausência de compromisso. O afeto que possa existir entre as duas pessoas é pequeno, pouco significativo. Elas ficam juntas numa festa, por exemplo, se beijam, se abraçam, dançam agarradinhos, trocam carícias, tudo em público. Quem olha de fora pode até achar que são dois namorados, mas não são. No dia seguinte, nenhum dos dois se sente na obrigação de ligar para o outro para saber se está tudo bem – isso seria coisa de namoro. Acabou a festa? Cada um vai para o seu lado, cada um vai tocar a sua vida e quem quiser que fique com outro ou outra.

A possibilidade de *ficar* com um garoto, sem, no entanto, ter de assumir um compromisso consigo mesma nem com a família deu às garotas, principalmente para as que estão acabando de entrar na puberdade, mais liberdade e oportunidade para explorarem e viverem sua sexualidade.

Normalmente, quando se começa a ter as primeiras experiências sexuais com o outro, como no caso do *ficar*, uma grande curiosidade é saber como é beijar na boca, como é o beijo de língua, o beijo demorado. Todo o mundo passa um tempão sonhando com esse momento, mas, na hora H, não sabe se abre pouco ou muito a boca, se encosta só a ponta da língua na língua do outro, se respira ou segura a respiração até perder o fôlego. São muitas as dúvidas.

O beijo é a primeira carícia sexual íntima que os casais costumam trocar. E não é nada difícil aprender a beijar. Logo você descobre como deve fazer. Você descobre que beijar é muito gostoso. Você descobre como gosta de beijar. Tem gente que curte e deixa o outro à vontade para curtir um beijo demorado, não tão apertado, enquanto outros gostam mesmo é de se sentir sufocados.

ROLO À VISTA

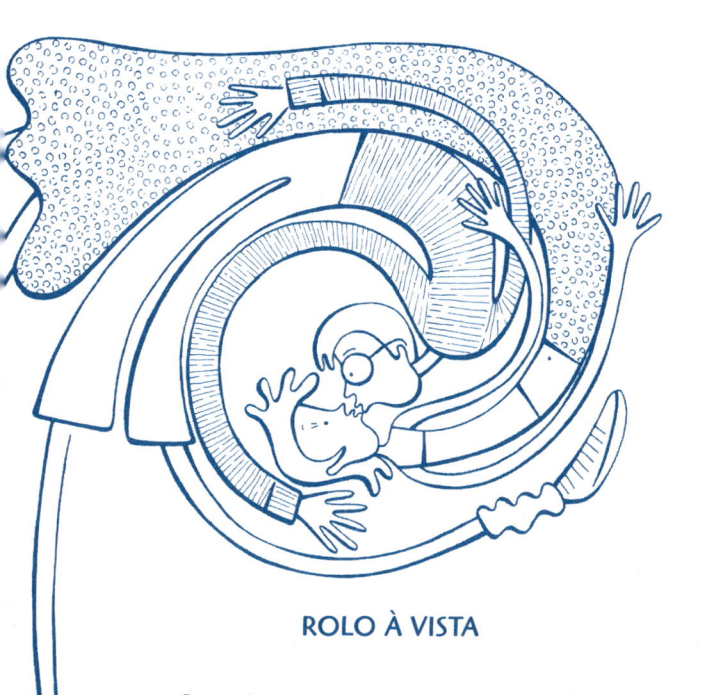

Quando um garoto e uma garota *ficam* juntos várias vezes, significa *rolo* à vista. A ausência de compromisso, de fidelidade entre eles continua existindo. Se ela ou ele decidir ficar com outra pessoa, não há problema. Um não tem o direito de cobrar coisa alguma do outro, afinal não existe nada de sério entre eles. Nada mesmo?

Às vezes, nada mesmo, apenas uma coincidência de gostos que faz com que eles queiram repetir a troca de carinhos várias vezes. Um beija do jeito que o outro gosta, ele sabe como ela quer ser tocada, ela sabe como ele quer ser tocado, nada além de satisfação sexual. Às vezes, no entanto, além dessa coincidência de gostos, começa a surgir um clima diferente entre eles, um clima de envolvimento, de maior afeto, mas ainda falta coragem, segurança para assumir o namoro. Isto é *rolo*...

NAMORO: UMA HORA ELE ACONTECE

Duas pessoas se olham nos olhos e, sem mais nem menos, sentem o coração disparar. Elas podem já *ter ficado* ou não, podem já ter tido ou estar tendo um *rolo*. Pode ser um caso de atração ou amor à primeira vista, por que não? E aí, elas se descobrem atraídas, apaixonadas uma pela outra.

A marca registrada do namoro é a presença de compromisso entre as duas pessoas. Aquele algo mais que as pessoas sentem, que se costuma chamar de amor, paixão, faz com que você queira estar mais tempo com a outra pessoa – mas de um jeito diferente, especial. Como o outro está no dia seguinte lhe importa muito. Há preocupação, cumplicidade, dedicação, aconchego, envolvimento.

Namorados costumam passar horas conversando, fazendo planos, sonhando com o futuro, sonhando em ser felizes para sempre, tentando entender-se, compreender suas diferenças enquanto tentam entender a si próprios.

Namorados têm desentendimentos, crises de ciúmes, brigas passageiras, brigas sérias, assim como têm o momento de fazer as pazes – momento que às vezes demora a chegar e às vezes não chega nunca. Por isso mesmo namorados também sofrem.

Namorados gostam de ficar olhando um pôr-do-sol em silêncio até a lua despontar. Gostam de sair juntos para ir aos mais diversos lugares e, mal se separaram, logo sentem saudades, sentem a falta do outro, sentem vontade de estar sempre juntos, uma vontade grande que alguns conseguem controlar para não virar aquele *grude* chato e outros não.

Namorados fazem surpresas, trocam presentes, escrevem poemas, mandam flores, guardam na memória aquela música que marcou uma ocasião especial. Namorados trocam afeto, carinho, aconchego e amor!

Namorados também trocam intimidades físicas, carícias sexuais. Sentem desejo um pelo outro, sentem tesão.

VOCÊ DECIDE ATÉ ONDE CHEGA A TROCA DE CARINHO

Tanto no caso daqueles que começam a *ficar* como no caso dos *enrolados* e dos namorados há uma pergunta que é comum a todos: até onde chegar na troca de carinhos e de intimidades sexuais? Quando ir do beijo até uma transa?

Quando se inventou esse novo jeito de se relacionar – o *ficar* –, intimidades sexuais mantinham-se *da cintura pra cima*, ou seja, sem se chegar a uma relação sexual ou a um relacionamento sexual genital mais íntimo.

Atualmente, entretanto, mais e mais garotas e garotos estão com a maior pressa de partir logo para uma relação sexual. Eles nem sequer curtem o gostoso dessa história de trocar carinho, de descobrir as coisas com calma, cada um no seu ritmo. Mal entraram na puberdade e já pensam em ter a sua primeira transa, como se fazer sexo se resumisse à penetração do pênis na vagina. Isso é sexo genital. Fazer sexo é mais que isso.

O desejo sexual pode ser satisfeito de muitas formas. Depois de um ou alguns beijos, seja no ficar, num rolo ou entre namorados, muita coisa pode acontecer até você chegar a ter uma relação sexual completa com o seu par.

Depois de um beijo pode vir um abraço mais apertado em que um sente o corpo do outro, mesmo que exista muita roupa entre vocês. Pode vir outro beijo, mais demorado, seguido de uma mão que acaricia os seios da garota. Outros beijos, não só na boca, mas no pescoço, na orelha, na nuca, que faz arrepiar o corpo todo. Uma garota e um garoto podem, também, acariciar os genitais um do outro, como você faz quando se masturba, proporcionando prazer mútuo.

Bate-papo, troca de idéias, olho no olho, tudo isso também é bom. Quando um conhece os gostos, o jeito de pensar, a vida do outro, quando o afeto se desenvolve, a intimidade aumenta, e isso se reflete no relacionamento sexual. Se você tem o hábito de conversar sobre todas as coisas com o seu par, fica mais fácil conseguir falar, também, sobre questões relacionadas ao sexo.

Malho, amasso, tenha o nome que tiver, ficar agarradinho ao outro, passando a mão aqui e ali, por fora ou por baixo da roupa, fazendo carinho, é bom demais. Sentir um calor que vai e vem, que esquenta por fora e por dentro, que percorre todo o corpo, que faz a respiração mudar de ritmo, o coração acelerar, dá muito prazer! Mas não se esqueça: *quem decide até onde deixar chegar a troca de carinho, de intimidades sexuais e quando chegou a hora de ir do beijo até a transa é você. Só você!*

A adolescência é uma fase em que, normalmente, você passa a ter mais liberdade de ação, de escolha. Nenhum pai ou mãe consegue controlar seus filhos vinte e quatro horas por dia, como faziam quando eram bebês ou crianças. É claro que seus pais, por um bom tempo ainda, até que você se torne realmente independente deles, emocional e materialmente, vão determinar muitas coisas na sua vida, mas não como antes. Cabe a você agora tomar várias decisões, entre elas, as relacionadas à vivência da sua sexualidade.

E com a liberdade vem essa história da responsabilidade: você passa a ser mais responsável por aquilo que decidir fazer, mais responsável pelos seus próprios atos. Isso não é bom?

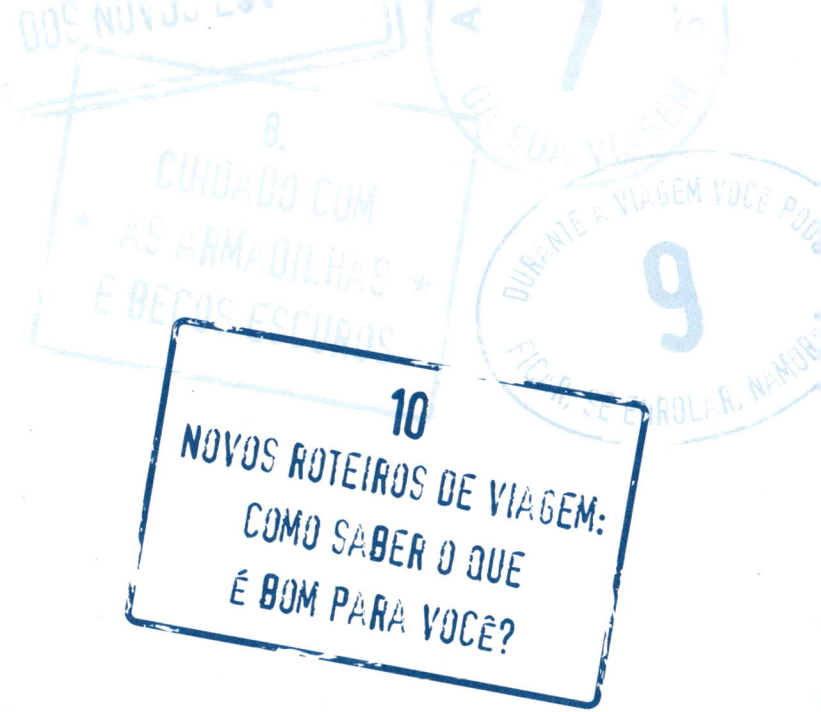

10. NOVOS ROTEIROS DE VIAGEM: COMO SABER O QUE É BOM PARA VOCÊ?

BOM PRA VOCÊ

Faça o que é bom
sinta o que é bom
pense o que é bom
bom pra você!
Coma o que é bom
veja o que é bom
volte ao que é bom
bom pra você
guarda pro final
aquele sabor genial
se é genial pra você!
Tente o que é bom
permita o que é bom
descubra o que é bom

bom pra você!
Então beije o que é bom
mostre o que é bom
excite o que é bom
bom pra você!
Um dia você me conta
um dia você me apronta um resumo
do supra-sumo do seu prazer?
Pese o que é bom
perceba o que é bom
decida o que é bom
bom pra você.
(Zélia Duncan e Christiaan Oyens)

Chega uma hora durante sua viagem em que você tem de decidir se vai ficar no mesmo lugar ou se vai seguir adiante para conhecer outros lugares. E, se a sua intenção é estar sempre em busca de novas experiências, você vai ter de decidir quando partir, com quem partir, até onde ir, que riscos correr. Em caso de dúvida, não tenha pressa. Pondere sempre se a sua escolha representa o melhor para você. Tente escolher o que é bom para você.

AO ESCOLHER NOVOS CAMINHOS, USE A SUA INTUIÇÃO

É verdade que nem sempre a gente sabe dizer com clareza, racionalmente, o que é bom para a gente. Mas, bem lá no fundo, intuitivamente, pode ter certeza, você sabe o que é *bom pra você*.

Intuição é uma sensação boa ou ruim que surge de repente, do nada, e que, quando você a analisa, percebe que é algo que tem tudo a ver, tem sentido, tem discernimento, sabedoria. Ela se manifesta através das sensações do seu corpo, do pulsar do seu coração, e leva você a refletir se deve seguir em frente, ir fundo, confiar, ou se você deve esperar, dar um tempo, ponderar melhor antes de embarcar em certa situação.

Para conseguir saber o que é bom para você, inclusive no campo da sexualidade, você precisa aprender a ouvir a sua intuição. Como fazer isto?

Prestando sempre atenção no que seus sentimentos e as reações do seu corpo tentam lhe dizer.

Quando alguma coisa não está agradando, está indo além dos seus limites, você sente um certo incômodo, um mal-estar, você não se sente à vontade. Alguma coisa dentro de você dá um aviso, indica que é bom pensar melhor. E, quando você está diante de uma situação agradável, que pode ser boa para você, para a qual você se encontra com o devido preparo, o que você sente é bem-estar e uma sensação de felicidade.

Às vezes, uma pessoa, pelo seu jeito de agir, dá inúmeras demonstrações de não ter um bom caráter, de não agir com consideração em relação aos outros, mas você, conscientemente, não registra estas dicas. Um dia você tem a oportunidade de ter um contato mais íntimo com essa pessoa e aí, do nada, surge em você a sensação de que não deve confiar, que deve cair fora, pois entrar nessa história é fria. É a sua intuição que está dando um alerta, e, com certeza, vale parar para pensar.

OUVIR A VOZ DA RAZÃO TAMBÉM É IMPORTANTE

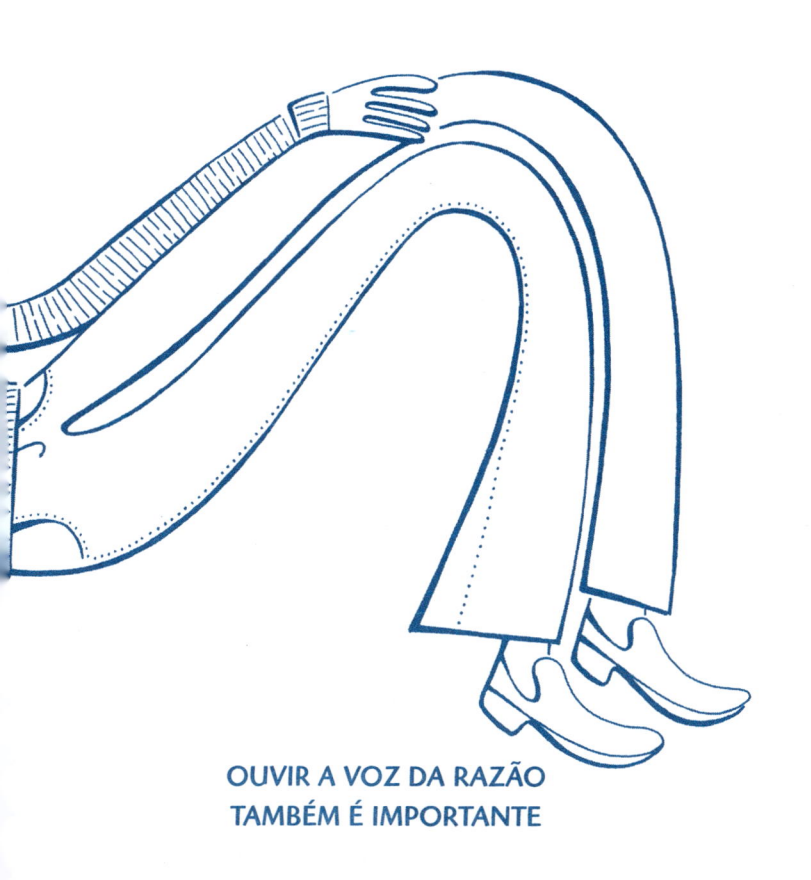

Para você conseguir fazer o que é *bom pra você*, além de ouvir a sua intuição, é bom também ouvir sua razão, raciocinar sobre as coisas e ser coerente com o que você sabe e com aquilo em que acredita. Transar sem camisinha é um bom exemplo de quem não ouve a razão. Você sabe que deve transar sempre com camisinha, você sabe de todos os riscos a que se expõe se tiver uma relação sexual sem proteção. E aí, um certo dia, seu par resolve fazer a maior pressão para vocês transarem sem camisinha e você vai na onda e transa. Você não colocou em prática aquilo que – você sabe – é importante para você.

NÃO DEIXE TAMBÉM DE CONSIDERAR OS OUTROS

Para você se sentir bem, fazer aquilo que é *bom pra você*, é importante, ainda, que considere – além do seu bem-estar, dos seus valores e de sua saúde – o bem-estar, os valores, a saúde e a felicidade daqueles com os quais você se relaciona. Impor as suas idéias, fazer somente aquilo que dá satisfação e prazer a você, não respeitar os limites dos outros, pode fazer as pessoas se afastarem de você, e isso, também, não é bom para ninguém.

DEIXAR ROLAR – NEM PENSAR!

Deixar simplesmente rolar porque não se está nem aí ou usar a desculpa de que "foi mais forte do que eu, não deu pra controlar as emoções, não deu pra segurar o tesão..." nunca é bom para ninguém. E como a gente ouve essa desculpa de muitos adolescentes e até mesmo de adultos!

Pois saiba que qualquer um é capaz de controlar suas emoções e seu tesão, parar quando quiser parar, recomeçar se estiver com vontade de recomeçar, de segurar a onda e não deixar simplesmente as coisas rolarem. Se você acreditar em você, se acreditar que pode, você consegue. Quem manda é você, a sua cabeça ao tomar as suas decisões. *Ninguém é escravo de tesão se não quiser ser.*

Não caia nessa de deixar rolar porque você acha que "comigo não, isso nunca vai acontecer!", como se você não fosse um mortal como qualquer outro ser humano, e por isso *com você* nada de ruim, nada de errado vai acontecer. É só olhar para os lados, na sua sala de aula, na sua escola, na sua turma no clube. Facilmente você vai encontrar adolescentes que engravidaram sem desejar, que se contaminaram com o vírus da Aids ou com outra doença sexualmente transmissível e achavam que com eles isso nunca ia acontecer.

Quando a gente se arrisca a experimentar uma viagem nova consciente do que está fazendo, porque decidiu fazer, mesmo que nem tudo saia perfeito ou que alguma coisa não dê muito certo, é muito mais fácil lidar com a situação. Mas, quando as coisas acontecem porque a gente não se importou, porque simplesmente deixou rolar, segurar as conseqüências depois pode ser muito difícil, porque você, além de ter de lidar com a frustração pelo que não deu certo, tem de lidar com a raiva por não ter seguido as suas próprias idéias, as suas intuições.

POR QUAIS CAMINHOS SEGUIR VIAGEM?

Cabe a você decidir por quais caminhos quer continuar sua viagem. Seja *ficando* com alguém, se *enrolando* ou namorando, nunca, mas nunca mesmo, abra mão do seu poder de decisão, do seu poder de escolha. Siga a dica da música "Bom pra você" e sempre "pese o que é bom, perceba o que é bom, decida o que é bom, bom pra você".

E tenha certeza: nem sempre aquilo que é bom para uma outra pessoa, necessariamente, é bom também para você. Cada pessoa tem o seu próprio ritmo, o seu próprio jeito de ser, o seu momento certo de fazer ou deixar de fazer as coisas. E só você pode descobrir qual é o seu melhor jeito de ser, de prosseguir nessa viagem de descoberta e vivência da sua sexualidade e da sua afetividade.

11 A PRIMEIRA VIAGEM... A PRIMEIRA VEZ

Quase tudo o que se vai fazer pela primeira vez causa aquele frio no estômago, dá insegurança, receio de como vai ser, expectativa de que saia tudo conforme o planejado, o esperado, o sonhado. O primeiro dia numa escola nova ou num trabalho novo, a primeira vez que se vai sair com uma garota ou com um garoto, a primeira visita ao médico, o primeiro beijo, o primeiro carinho, o primeiro toque, a primeira vez...

A sua primeira relação sexual, apesar do frio no estômago, da insegurança e dos receios que possam surgir, pode ser muito gostosa, pode se transformar num momento mágico de descoberta, de encontro, de prazer. Não será, de forma alguma, aquele terror, como muitos dizem por aí que é. Se você se preparar para esse momento, se ele for fruto da sua decisão, fruto daquilo que você acredita que é bom para você, a sua primeira relação sexual pode ser uma importante marca na vivência da sua sexualidade, algo a ser lembrado com muito carinho, uma boa recordação para o resto da sua vida.

Não tenha pressa em chegar lá. Um dia acontece – carinho vai, carinho vem, e o clima começa a esquentar. Bocas que não param de beijar, mãos que passeiam por corpos suados, que estremecem a cada toque, excitação à flor da pele. Você sente uma vontade diferente, um desejo que cresce e faz você querer mais.

A IDADE CERTA DEPENDE DE CADA UM

Não existe uma idade certa, ideal, para a primeira transa. Isso depende muito de cada um. Alguns sentem que já estão preparados mais cedo, outros mais tarde. A pressa de muitos adolescentes em começar a transar cedo, com doze, treze, catorze, quinze anos, não tem sido boa para a maioria deles, porque para eles faltam, ainda, maturidade emocional, conhecimento de si mesmos, de suas emoções, de seus valores, de seu próprio corpo, entre outras tantas coisas – e, aí, o que poderia ser bom e deveria dar prazer acaba sendo ruim. O aumento significativo do número de garotas grávidas, de abortos realizados em adolescentes, de jovens contaminados por doenças sexualmente transmissíveis, inclusive pelo vírus que provoca a Aids, tem comprovado isto.

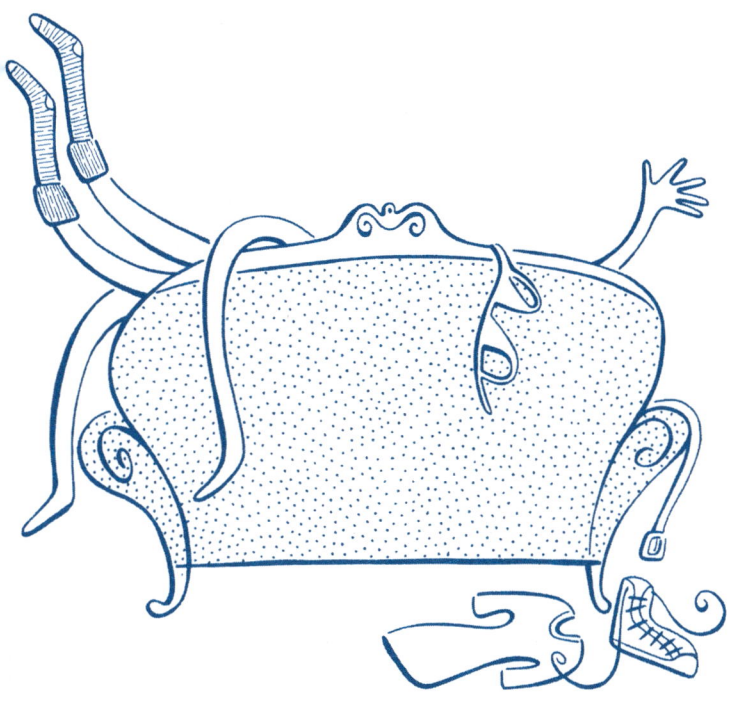

SAIBA ESCOLHER UM LUGAR ADEQUADO

A primeira relação sexual de muitos adolescentes, infelizmente, acontece em locais pouco adequados, sem privacidade, sem tempo suficiente para a troca de carinho, para que possam curtir cada momento, cada descoberta. O medo de que alguém possa chegar a qualquer instante fica rondando e acaba apressando aquele momento tão importante, que, para ser bom, principalmente quando ainda se é inexperiente, precisa de tempo, privacidade e tranqüilidade. Transar rápido, em lugares arriscados, pode ser uma variação para quebrar a rotina, pode dar prazer para quem já conhece bem o caminho, para quem não tem dúvidas de como fazer ou por onde ir.

Escolher um local adequado, sem correr o risco de ser surpreendido por quem quer que seja, ter tempo para conversar, para relaxar, para a troca de carinhos preliminares, ter tempo para se entregar a cada sensação de desejo e prazer, são coisas de que você deve procurar assegurar-se quando for ter uma relação sexual, porque a ausência desses cuidados pode comprometer a possibilidade de você desfrutar do prazer.

Encontrar esse lugar adequado depende muito de cada um. Alguns pais consentem que seus filhos transem na própria casa, outros não. A casa de um amigo ou amiga, de um irmão mais velho, pode ser uma possibilidade. Motel, só quando você atingir a maioridade. Infelizmente, os adolescentes enfrentam dificuldades para encontrar um lugar seguro, onde possam transar sem correrem o risco de serem surpreendidos. Mas cada um terá de usar a sua criatividade e o seu bom-senso para descobrir um bom lugar para se relacionar sexualmente.

NA PRIMEIRA TRANSA, O ROMPIMENTO DO HÍMEN

A idéia de que a garota, necessariamente, sente uma dor terrível quando o seu hímen se rompe não é verdadeira. O rompimento do hímen faz a garota sentir um pequeno incômodo, que passa logo e nem sequer é suficiente para interromper o que está rolando.

O que realmente causa a dor que muitas garotas sentem na primeira relação sexual não é o rompimento do hímen e, sim, a tensão muscular associada à pouca lubrificação da vagina. Quando você fica tensa, todos os músculos do seu corpo se contraem, inclusive os músculos da vagina. Imagine só o pênis tentando penetrar numa vagina totalmente contraída – é dor na certa. Mas, se a garota está tranqüila, se ela tem tempo suficiente para relaxar, para se soltar, para os carinhos preliminares que a fazem ficar bem excitada, o corpo é capaz de produzir um lubrificante natural, os músculos da vagina ficam relaxados, e, assim, se torna mais fácil a penetração do pênis, evitando que ela sinta dor.

E OS MENINOS?

A privacidade, a disponibilidade de tempo para os carinhos preliminares também contam muito no desempenho dos rapazes durante uma relação sexual. Eles também precisam estar tranqüilos, relaxados, livres da sensação de que são mais responsáveis pelo sucesso da transa do que as garotas, excitados o suficiente, para, assim, conseguirem espantar o medo de *broxar*, o medo de ejacular rápido demais ou de não conseguirem acertar a penetração do pênis na vagina.

Outra coisa que ajuda a garantir o sucesso da sua primeira relação sexual e de muitas outras é ter sempre à mão um método anticoncepcional que proteja você de doenças sexualmente transmissíveis, ou seja, ter sempre uma camisinha. Muita gente, adolescente e adulto, trava no momento de uma relação sexual e não consegue sentir prazer porque o medo de engravidar ou de contrair uma doença sexualmente transmissível fica fazendo ruído dentro da cabeça da pessoa, dificultando a sua entrega.

RELAÇÃO AFETIVA E SEXO

Uma outra questão que você deve considerar antes de decidir transar com alguém, tanto na sua primeira vez como em todas as outras vezes, é o quanto a existência de uma relação afetiva, a existência de amor, conta na sua decisão de ter ou não um relacionamento sexual com alguém. Existem pessoas que acreditam que sexo e amor não precisam andar sempre juntos. Elas conseguem sentir prazer numa relação sexual mesmo sem haver um envolvimento afetivo com o outro. Outras pessoas só conseguem se imaginar transando com alguém com quem mantêm um relacionamento afetivo. Elas acreditam que para transar e ser bom é preciso que haja amor, intimidade, cumplicidade.

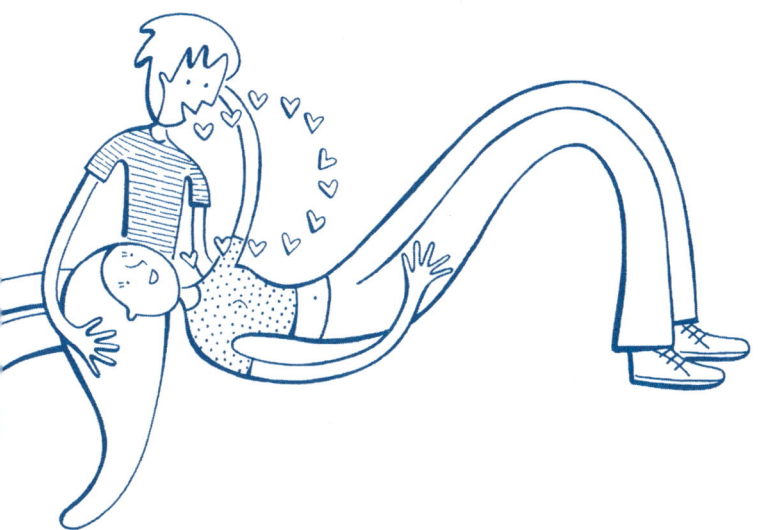

Se você sente que só deve transar após um certo tempo de relacionamento e se existir amor, confiança, intimidade física, entre você e seu par, então dê o tempo necessário até encontrar essa pessoa. Não ligue para a pressão de quem quer que seja. Não importa se todos da turma já transaram e você ainda não.

Mesmo que você esteja se relacionando com alguém que você considera a pessoa certa, com quem tem envolvimento e intimidade, só transe se você realmente estiver a fim de transar e achar que é o momento certo e o lugar certo. E não caia nessa de que "transar é uma prova de amor!". Infelizmente esse tipo de argumento tão antigo e tolo é usado por alguns garotos e acabam impressionando certas garotas.

Paulo e Juliana estavam namorando havia alguns meses e entre eles rolava um clima gostoso, de carinho, de afeto. Uma tarde eles estavam sozinhos na casa de Juliana e, um beijo aqui outro ali, um carinho pra cá, outro pra lá, foram fazendo o clima esquentar. Eles estavam prestes a transar quando Juliana resolveu não ir em frente. Paulo, então, disse a ela:

– Se você gosta mesmo de mim como você diz, por que não quer transar comigo? Transar é uma prova de amor!

Juliana não se sentia preparada ainda para ter a sua primeira relação sexual. Ela sentia que precisava de mais tempo, precisava ter certeza de que era mesmo com Paulo que ela queria ter sua primeira vez. Com delicadeza, Juliana disse isso a ele e não se deixou impressionar pela cara emburrada do garoto. Desvencilhou-se de seus braços, trocou a música que estava tocando e convidou-o para irem até a cozinha comer um lanche.

Ela estava preparando uma vitamina quando Paulo a abraçou com carinho e sorriu. Dava para ver em seus olhos que ele havia entendido que prova de amor era outra coisa e não precisava pressa.

Uma transa que acaba acontecendo por pressão do momento ou com alguém que você não curte, em quem não sente confiança pode fazer você se sentir muito mal na hora e também depois. E o que importa, realmente, é você tentar garantir ao máximo que as suas experiências sexuais sejam agradáveis, gratificantes, prazerosas para você.

DIFICULDADES PODEM SURGIR. E DAÍ?

Por mais que você tenha se preparado para esta parte da viagem, por mais que tenha cuidado de cada detalhe, não esqueça de considerar as dificuldades que podem surgir pelo caminho. Cuidado para não criar em você uma expectativa de que tudo tem que ser perfeito, desde a sua primeira vez. É normal surgirem dificuldades, principalmente nas primeiras vezes em que você tiver uma relação sexual, porque tudo é muito novo e falta a você a experiência, o treino. Quem já tentou andar de *skate*, calçou um par de patins ou até mesmo subiu numa bicicleta sem rodinhas pela primeira vez sabe muito bem quantos tombos levou até conseguir se equilibrar e aprender a andar direito.

Se nem tudo sair exatamente como você planejou na sua primeira ou nas primeiras vezes, não perca o bom humor, o jogo de cintura, não desanime nem perca a vontade de tentar outra vez. Pense positivamente, pense que na próxima vez você já vai saber melhor o que fazer. Lembre-se dos tempos em que você aprendeu a andar de bicicleta, em todos os tombos que levou... até ganhar prática.

Mesmo que você já tenha tido vários relacionamentos sexuais, sempre que você for ter uma relação sexual com alguém, pela primeira vez, vai ter gosto e jeito de primeira vez. O frio no estômago, a preocupação em conseguir proporcionar prazer ao outro e sentir prazer, a falta de jeito, não saber do que o outro gosta ou como gosta, fazem parte de toda primeira vez. Entrosamento, identificação dos gostos, reconhecer o desejo do outro pelo olhar, pelo jeito do toque, você consegue por meio da vivência, da repetição do ato sexual com o mesmo parceiro.

Feita a revisão na sua mochila, depois de você ter se livrado dos pesos inúteis e ter se assegurado de estar levando aquilo que é indispensável, só cabe a você decidir se já chegou a hora de seguir viagem. Só você pode avaliar se está sentindo segurança suficiente para ter a sua primeira relação sexual e todas as outras que se seguirem na sua vida.

12 — O QUE PESA NA MOCHILA DAS GAROTAS E DOS GAROTOS

Você pensou, ponderou sobre o que é melhor para você e decidiu que chegou a hora de seguir viagem, sair do lugar já conhecido e partir para novas experiências. Você decidiu ter sua primeira relação sexual, com direito a preliminares, *entretantos e finalmentes*.

Ao partir para essa nova experiência é bom dar uma organizada nas coisas que você carrega na sua mochila. Você deve conferir o que é realmente necessário para seguir viagem e deixar de lado tudo aquilo que não tem serventia, que só faz peso na bagagem. Alguns valores, algumas idéias, alguns comportamentos pesam mais na mochila das meninas e outros na mochila dos meninos. Vale conferir.

SER CONSIDERADA "GALINHA" PESA NA MOCHILA DAS GAROTAS

Os tempos podem ser modernos, mas certos valores não mudaram muito, e a maioria das garotas continua se sentindo na posição de quem *vai ou não* dar o sinal verde. Os rapazes continuam naquela de *tentar* para ver se conseguem. É a *mão boba* dos garotos escorregando para cá e para lá, enquanto as meninas se sentem na obrigação de *tirar a mão daqui, segurar a mão de lá.*

O fantasma de virar garota fácil e de ser considerada *galinha* pesa mais para as garotas e continua a assombrar muitas delas. Apesar de o termo ser usado tanto para meninas como para meninos, o valor dado a ele é bem diferente quando se trata da mulher.

Por exemplo, se uma garota *ficar* numa mesma festa com mais de um rapaz, é bem provável que ela seja considerada *galinha* por alguns, no sentido mais pejorativo do termo, inclusive pelas próprias garotas, e seja vista pelos meninos como uma garota fácil. Agora, se um rapaz *fica* com várias garotas numa mesma festa, também será considerado *um galinha* mas, apesar de muitas meninas não verem com bons olhos garotos *galinhas*, outros rapazes vão achá-lo o máximo e chegarão a sentir inveja. Até algumas garotas passam a ter vontade de *ficar* com ele por acharem que ele deve ter algo especial!

Essa visão de que o homem pode tudo e a mulher tem que ser recatada e *se guardar* parece que não existe mais, não é? Ilusão. Ingenuidade. Ela ainda está aí e, se é criticada por muitos, é aceita por muitos rapazes e moças.

Você é que decide que valor aceitar, respeitar e reproduzir. A adolescência é tempo de experimentar e é, também, tempo de você começar a definir alguns de seus próprios valores. É tempo de se livrar de valores que não lhe sejam úteis ou importantes e, sobretudo, de se libertar de preconceitos.

VIRGINDADE: OUTRO PESO NA MOCHILA DAS GAROTAS

Com certeza a virgindade pesa mais na mochila da mulher do que na do homem. E, por isso mesmo, é um assunto que não deve ser desconsiderado. Deve ser discutido para que principalmente as garotas possam se livrar desse peso ao partirem para a sua primeira transa.

Virgem, tanto no caso das mulheres como no caso dos homens, é a condição de quem nunca teve um relacionamento sexual completo, com penetração do pênis na vagina.

O hímen, aquela membrana que fica na entrada da vagina, ao longo da história, passou a ter a função social de atestar a virgindade da mulher. Hímen intacto significa que a mulher é virgem; hímen rompido significa que ela já transou, não é mais virgem.

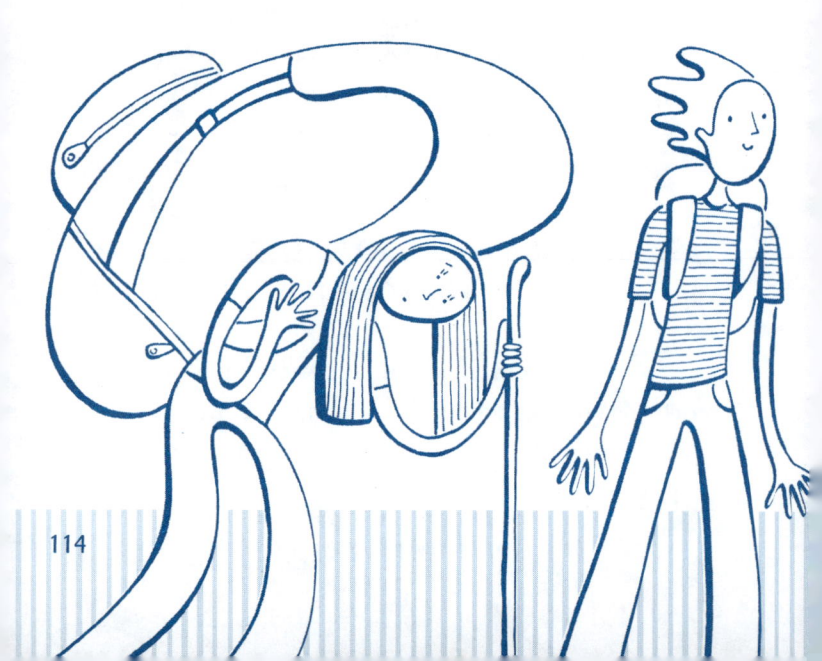

De maneira geral, se associa o rompimento do hímen com um sangramento que ocorre em razão desse rompimento. Acontece que, dependendo do tipo de hímen, esse sangramento pode não ocorrer ou ser tão pequeno que nem dá para perceber. No caso do hímen elástico ou complacente, por exemplo, não há rompimento, nem sangramento, porque esse é um tipo de hímen capaz de se esticar na hora da penetração e depois voltar ao que era.

Existe ainda muito preconceito, muita hipocrisia, com relação à virgindade da mulher. Apesar de toda a revolução sexual ocorrida nas últimas décadas, a partir da qual as mulheres passaram a viver sua sexualidade com mais liberdade (principalmente em razão da descoberta da pílula anticoncepcional), a virgindade feminina ainda é muito usada para medir o valor de uma mulher. Para alguns homens e mulheres, as moças virgens têm mais valor do que as que deixaram de ser virgens.

Ainda se fala em *perder* a virgindade em vez de se dizer *deixar de ser virgem*, você notou? Isto porque muitos ainda acham que a mulher *perde* alguma coisa ao deixar de ser virgem. Imagine como seria ruim você embarcar no seu primeiro relacionamento sexual achando que vai perder alguma coisa, que pode perder parte do seu valor só porque uma membrana será rompida!

Faz, sim, diferença você acreditar que, ao decidir ter uma relação sexual, você está ganhando, não perdendo. Se você está deixando de ser virgem porque acha que chegou a hora e apareceu a pessoa certa – por decisão própria, porque é isso mesmo que você escolheu e quer fazer –, tem mais é que se sentir ganhadora.

E tem mais, mesmo durante a relação sexual, homem nenhum, por mais experiente que seja, pode realmente garantir que uma mulher é virgem ou não.

Não deixe de pensar no que representa para você a virgindade de uma mulher se você pretende partir para essa fantástica aventura de se relacionar de forma ainda mais íntima com seu parceiro. Esvazie a sua mochila dos preconceitos, que só vão atrapalhar a sua viagem. Lembre-se: o que importa é o que você pensa e sente, e não o que os outros vão pensar. Quem vai carregar a sua mochila nessa viagem é você.

PESO NA MOCHILA DOS GAROTOS: O MEDO DE FALHAR

O medo de não ter ereção, de *broxar*, de não ficar com o pênis duro no momento de uma relação sexual ocupa um espaço enorme na mochila dos rapazes.

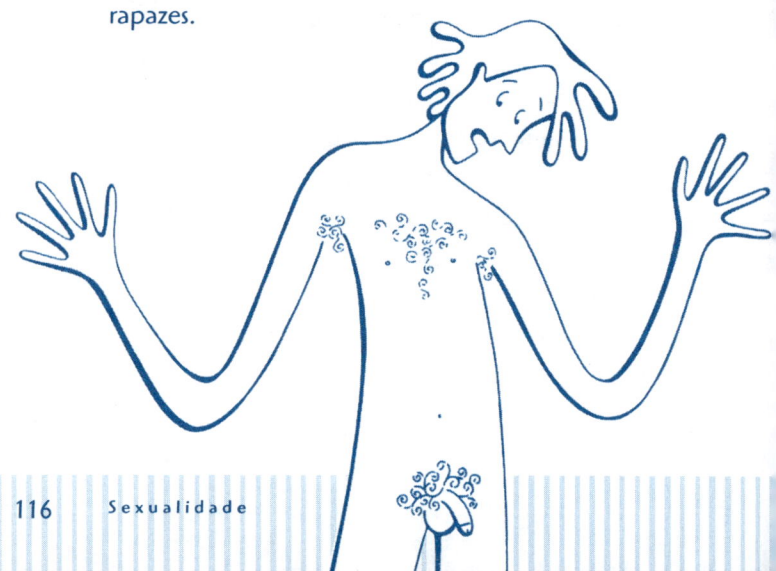

Não ter ereção algumas vezes tem mais a ver com encucação do que com um verdadeiro problema de impotência sexual. Tem dias que você está meio indisposto, chateado por alguma razão ou apenas sem vontade de fazer sexo. Não respeitar esse seu estado emocional ou essa indisposição física pode trazer problemas, causar confusão para a sua cabeça sem necessidade. O corpo não responde feito máquina só porque você acha que tem, obrigatoriamente, que *marcar presença*.

Estar muito ansioso na hora da transa, situação comum na adolescência, pode interferir na hora da ereção. Você pode *broxar* de tanta ansiedade que estava para transar. Às vezes, está tudo certo, você está calmo, tranqüilo, sem ansiedade, e, mesmo assim, a ereção não ocorre. Coisas naturais da vida. Não há razão para se desesperar. Isso não quer dizer que haja algo errado com você. Essa história de achar que homem sempre tem que estar pronto para uma relação sexual é uma idéia machista que ainda persiste na educação de muitos garotos.

Só se preocupe se em todas as relações sexuais, ou na maioria delas, você não conseguir ficar com o pênis ereto. Isto, sim, pode caracterizar um caso de impotência sexual que precisa ser analisado por um médico para que ele verifique se a causa é física ou psicológica.

A reação da garota é superimportante no caso de o garoto não ter ereção, com ou sem motivo aparente. Nada de forçar a barra. Isso só piora a situação. Se um dia você passar por isso, aproveite para mostrar para o seu par que transar com penetração não é tudo, que existem muitas outras coisas para se fazer em matéria de sexo. Não perca o bom humor, a descontração. Use a criatividade para explorar outras partes do corpo que não precisam de ereção para proporcionar prazer.

Lembre-se de conversar com sinceridade, dizer para o outro quando está ou não com vontade de transar. Sentir a cumplicidade, o afeto, o respeito entre as duas pessoas é fundamental na vida de um casal.

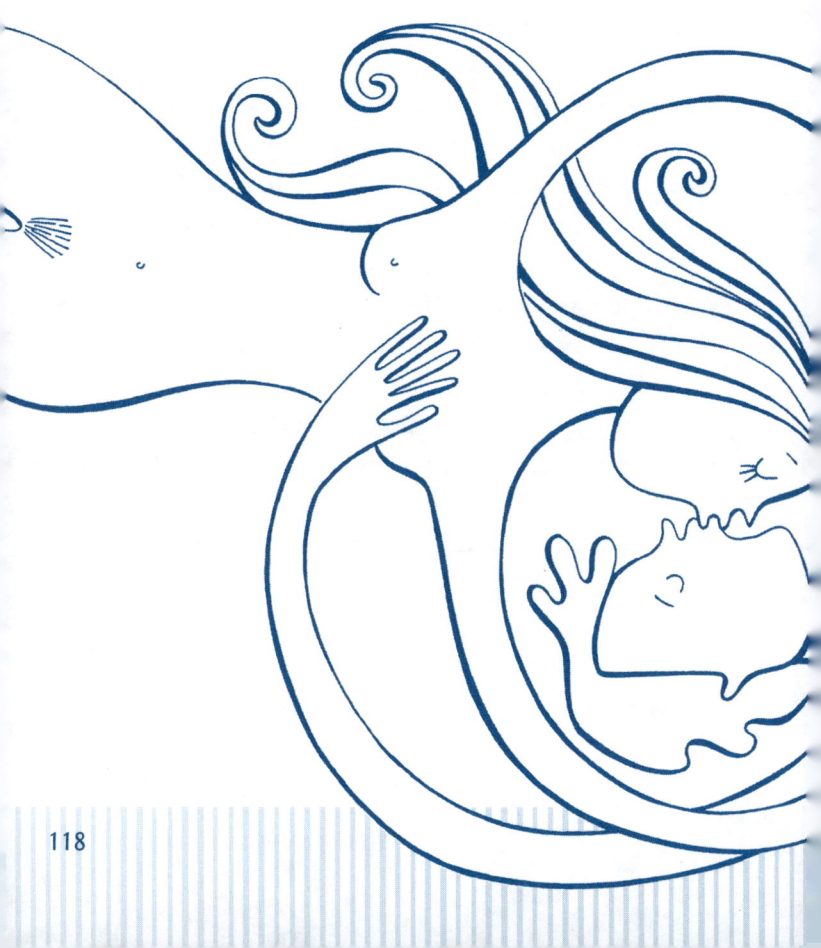

EJACULAÇÃO PRECOCE: OUTRO PESO NA MOCHILA DOS GAROTOS

Pode-se dizer que um homem tem ejaculação precoce quando sempre, sempre mesmo, ejacula rápido demais. Muitas vezes de roupa, quando está namorando, ou assim que encosta o pênis na entrada da vagina da mulher, ele ejacula. Às vezes só de encostar o pênis na mulher ocorre a ejaculação. Um homem que sofre de ejaculação precoce não tem controle nenhum sobre o momento em que vai ejacular. Ele não consegue segurar um pouco, esperar um pouco, para gozar.

Na adolescência, é bastante comum o garoto ejacular muito rápido em razão da sua falta de experiência ou por estar muito ansioso. Tesão acumulado também pode fazer com que o garoto ejacule muito rápido. As oportunidades de transar, na adolescência, não são tão freqüentes. O garoto passa dias sonhando com a possibilidade de conseguir um momento sozinho com a namorada, passa horas pensando em como será a transa. Isto tudo faz o desejo, o tesão, ir se acumulando. Não dá outra – encostou, gozou.

A falta de um lugar adequado para transar e a ameaça de que alguém possa chegar a qualquer momento fazem com que a maior parte das relações sexuais dos adolescentes aconteça rapidamente, sem tempo de curtir os carinhos preliminares, sem tempo de cada um explorar as suas sensações, conhecer melhor as reações do seu corpo. Quando surge a oportunidade de terem uma transa com calma, em um lugar adequado, o garoto acaba ejaculando rápido demais porque se condicionou a isso. À medida que você passa a ter um relacionamento mais estável, a ter relações sexuais com certa regularidade, em locais mais adequados, onde haja privacidade, esse problema tende a se resolver.

O uso da camisinha pode ajudar a retardar um pouco o tempo da ejaculação. Mais uma razão para você usá-la sempre!

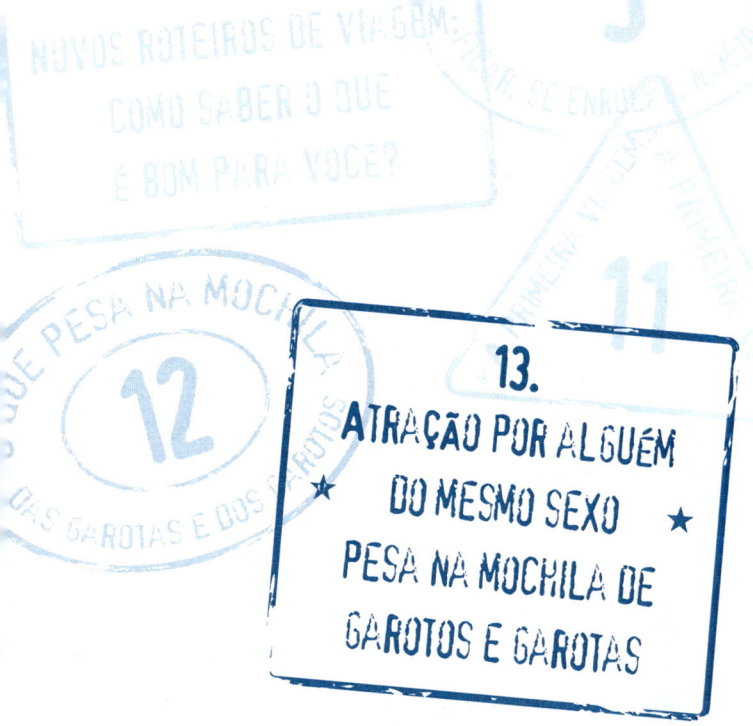

13. ATRAÇÃO POR ALGUÉM DO MESMO SEXO PESA NA MOCHILA DE GAROTOS E GAROTAS

Muitos adolescentes levam um grande susto ao perceberem que estão sentindo atração por alguém do mesmo sexo. E, quando essa atração é sentida, na maioria das vezes, a pessoa fica confusa, insegura, angustiada, sem saber o que fazer ou o que pensar.

Na adolescência, podem surgir certas dúvidas entre atração sexual e afeto ou admiração que se sente por uma amiga ou por um amigo. Neste momento você está começando a elaborar sua identidade sexual, ou seja, seus desejos, sentimentos e sensações começam a vir à tona com tudo, e é mesmo difícil conseguir separar o que é admiração, carinho, de desejo, tesão, sexo.

As garotas, por exemplo, costumam ter amigas íntimas na adolescência. Elas vão juntas aos lugares, dormem uma na casa da outra, tomam banho juntas, emprestam roupas uma à outra, andam de mãos dadas, trocam carinho, mesmo em público. Elas se cuidam, se preocupam, às vezes até sentem ciúmes de outras amizades.

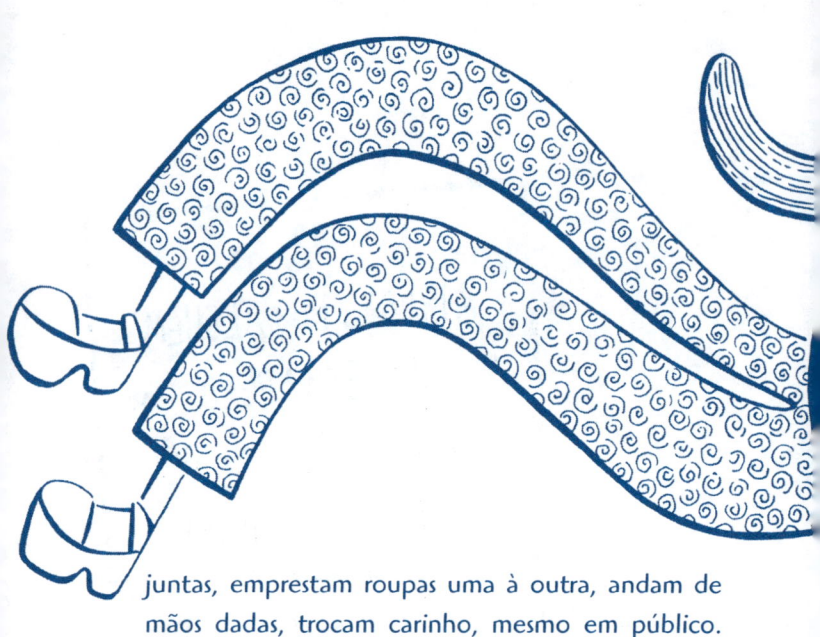

Patrícia, aos 15 anos, teve de mudar de cidade e de estado em razão do trabalho de seu pai. Foi morar longe, muito longe de todo o mundo que ela conhecia, de parentes, primos, de todas as suas amigas e amigos. Foi uma reviravolta total em sua vida. Na sua nova escola ela conheceu Fernanda, uma garota que também já havia passado pela mesma situação em outra época. Elas logo se tornaram muito amigas, amigas inseparáveis. Estudavam juntas, saíam juntas, quando uma estava triste a outra logo percebia... Um certo dia, quando Patrícia estava dormindo na casa de Fernanda, acabou rolando um beijo na boca. E depois

do beijo uma avalanche de dúvidas e sentimentos confusos. Por um tempo elas se sentiram estranhas, chegaram a se afastar um pouco, mas a amizade era tão grande que elas perceberam que o melhor a fazer era enfrentar a questão. Depois de muita conversa, descobriram que, de verdade, elas não tinham vontade de ter um relacionamento sexual uma com a outra. O que sentiam era mesmo uma forte amizade, repleta de muito carinho, cumplicidade, amor.

Esse contato bem próximo, íntimo até, com o mesmo sexo possibilita que a garota conheça melhor a si mesma, consiga entender com mais facilidade o que está se passando com ela própria, por meio de comparações, através da observação do que acontece com uma outra menina.

Com os garotos não costuma ocorrer o mesmo que ocorre com as meninas, pois a própria sociedade, por puro preconceito, reprime entre meninos certas manifestações de afeto, como, por exemplo, trocar um carinho em público. O contato íntimo entre garotos acaba acontecendo nas disputas que fazem no banheiro da escola, do clube, para saber quem consegue ejacular mais longe, nas comparações a respeito do tamanho do pênis, quando se masturbam juntos e algumas vezes nas brincadeiras de *troca-troca*, que é quando um garoto penetra o seu pênis no ânus do outro e depois eles trocam de posição.

Todas essas brincadeiras que envolvem sexo proporcionam prazer aos meninos e alguns começam a confundir esse prazer – por ocorrer em conjunto com quem tem o mesmo sexo – com atração sexual pelo igual. Mas não tem nada a ver uma coisa com a outra. Na maioria dos casos, ainda falta coragem para o menino se relacionar com o sexo oposto, mas sobra curiosidade, vontade de experimentar as sensações que o sexo dá, e a saída, naquele momento, acaba sendo experimentar com os colegas. Com um pouco mais de idade, a coragem surge e os garotos passam a se interessar pelo sexo oposto.

A timidez, a insegurança e o medo de levar um fora também podem ser a causa de certas confusões. Muitas vezes é mais fácil encarar a timidez, a insegurança, num relacionamento com alguém do mesmo sexo porque o fato de ele ser mais conhecido pode facilitar as coisas. Daí alguns garotos e garotas acharem que estão atraídos pelo mesmo sexo, quando, na verdade, estão mesmo é com dificuldade de enfrentar a timidez, a insegurança, o medo de uma possível rejeição ao se relacionarem com o sexo oposto.

ALGUNS TÊM CERTEZA DESSA VIAGEM: E AGORA?

Para alguns garotos e garotas, entretanto, não há confusão nenhuma. O desejo que sentem por alguém do mesmo sexo é forte e cala fundo. Para eles, quem encanta, quem provoca excitação e faz o tesão aflorar é sempre alguém do mesmo sexo. Daí, então, dá para arriscar a dizer que o que esses garotos e garotas estão sentindo é mesmo uma *atração sexual pelo igual*. E aí, o que fazer?

Havia algum tempo o corpo dos rapazes chamava a atenção de Maurício, mas ele tentava fazer de conta que isso não acontecia. Até que, por volta dos seus quinze anos, ele sentiu uma atração muito forte por André, um outro garoto uns dois anos mais velho do que ele.

Uma noite Maurício e André, que sempre se encontravam nas férias no condomínio onde seus pais tinham casa, resolveram dar uma volta até a praia. A noite estava linda, quente, com o céu todo estrela-

do. Eles estavam deitados na areia, olhando o céu, quando o braço de André encostou no de Maurício. Esse gesto, aparentemente simples, fez todo o corpo de Maurício estremecer, seu coração disparar, fez com que uma forte excitação tomasse conta dele.

De volta às aulas Maurício tentou fazer de tudo para esquecer de André e não pensar no que havia sentido. Ficou, namorou várias garotas, mas nenhum relacionamento com as meninas deu certo. Ele não conseguia sentir por elas a mesma atração que havia sentido pelo amigo.

As férias chegaram outra vez e, como de costume, Maurício e sua família foram para a praia. Lá chegando, o encontro com André foi inevitável. Ao ver o amigo, Maurício percebeu, bem lá no fundo, que estava feliz por reencontrá-lo e decidiu encarar uma conversa com o amigo. André já havia percebido os sentimentos de Maurício. Depois da conversa, durante um bom tempo eles mantiveram um relacionamento íntimo, em que o afeto e o sexo estavam presentes.

NÃO SOBRECARREGUE A MOCHILA NEGANDO SENTIMENTOS OU SE ISOLANDO

Se você sente atração, desejo pelo mesmo sexo, seja você uma garota ou um garoto, isolar-se ou negar o que você está sentindo não é uma boa estratégia. Fazer uma opção diferente da que é feita pela maioria dá medo, causa, sim, angústia, sofrimento. O medo do que *os outros vão pensar*, de sofrer represálias, as dúvidas, as emoções que você não consegue entender, os conflitos que começam a surgir na sua cabeça –, tudo isso torna a sua mochila muito pesada e, com certeza, carregar uma mochila pesada atrapalha a sua viagem de exploração e descoberta da sexualidade.

Mas você pode se livrar de uma boa parte desse peso se dividir o que está sentindo com alguém. Procure alguém em quem você possa confiar – um amigo ou amiga, um professor ou professora, alguém com mais experiência – para conversar, trocar idéias. Você pode pedir ajuda a um psicólogo, por que não? Como profissional, ele pode ajudar você em muitas situações, pode ajudar você a se conhecer melhor, a compreender seus sentimentos e encontrar uma solução para os seus conflitos.

Não dá para negar que alguns caminhos são mais difíceis de trilhar que outros. Se você decide subir uma montanha por uma trilha aberta numa floresta, você vai enfrentar mais desafios do que aqueles que decidem subir a mesma montanha por uma estrada asfaltada. Mas, se seguir pela trilha é o mais coerente com seus sentimentos e desejos, não se deixe intimidar pelos possíveis desafios e vá em frente. Apenas não esqueça de se equipar adequadamente e buscar tudo aquilo que possa ajudar você nessa sua caminhada.

NÃO SE INTIMIDE NESSA VIAGEM: ENFRENTE PRECONCEITOS E DISCRIMINAÇÕES

Prepare-se, por exemplo, para enfrentar o preconceito das pessoas. A opção de alguns por viver uma relação homossexual deveria ser respeitada e encarada com a mesma normalidade com que são encaradas as relações heterossexuais, mas não é bem assim que acontece. Apesar de não haver diferença entre um e outro tipo de relacionamento, a não ser do ponto de vista das relações sexuais, *uma grande maioria* ainda encara o homossexualismo, tanto o feminino como o masculino, com preconceito e age com discriminação.

Você poderá encontrar colegas, que parecem próximos, que se dizem modernos, abertos, mas que na hora do *vamos ver* agem com preconceito e são capazes de não tratar você com o devido respeito, de tirar uma da sua cara, de sair por aí contando para todo o mundo o que você sente. Para a maioria dos pais, também em razão do preconceito ou em razão de suas crenças pessoais, é difícil e delicado lidar com essa questão, aceitar que seu filho ou sua filha decidiu optar pelo caminho da homossexualidade.

Ainda é difícil para muitas pessoas entender que, assim como ocorre com os casais heterossexuais, os casais homossexuais também namoram, se apaixonam, sofrem por amor, decidem viver juntos numa mesma casa, brigam, se separam, fazem as pazes, trocam carinho e mantêm um relacionamento sexual. Em todo o tipo de casal, homossexual ou heterossexual, você vai sempre encontrar relações em que há maior ou menor grau de compromisso, mais ou menos amor, afeto, maior ou menor interesse sexual.

Saiba preservar sua intimidade. Não saia por aí contando aos quatro cantos o que você sente. Muita coisa pode mudar ao longo dessa sua caminhada. Não é hora de fechar portas, eliminar a possibilidade de trilhar outros caminhos. Não é porque sentiu atração sexual por alguém do mesmo sexo que você precisa, agora, já, se definir sexualmente, se assumir homossexual. Definições podem e devem ficar para depois, quando você ingressar na vida adulta e já tiver acumulado mais experiências.

CUIDADO COM OS ESTEREÓTIPOS

Outra coisa na qual você deve prestar atenção é em relação aos estereótipos que pesam sobre os homossexuais. Tem gente que acha que todo homem homossexual é afeminado e toda mulher homossexual é machona. Isso é uma grande bobagem. A maioria das pessoas homossexuais não muda seu jeito de ser, de agir e de se vestir. Provavelmente você deve ter à sua volta inúmeras pessoas que são homossexuais... e das quais você nem desconfia. E mesmo aquelas pessoas, no caso dos homens, que possuam um jeito mais delicado, ou das mulheres, um jeito mais masculino – ninguém tem nada a ver com isso. Elas devem ser respeitadas tanto quanto qualquer outra pessoa.

As diferenças, sejam elas quais forem, inclusive as relacionadas à opção sexual das pessoas, devem ser respeitadas em nome da felicidade de todos. Seja qual for a sua opção sexual, preste sempre muita atenção se esse tal preconceito não está instalado dentro de você e você nem se dava conta disso. Observe se você costuma usar certas palavras, como *bicha, veado, sapatão*, como forma de xingamento.

Saber respeitar a opção alheia, seja essa opção qual for, é prova de maturidade. Respeito pelas diferenças é uma coisa que não pode faltar na sua bagagem.

14. CAMISINHA NÃO PODE FALTAR NA BAGAGEM

Dependendo do tipo de viagem que se vai fazer, algumas coisas são indispensáveis, não podem faltar na bagagem. Para escalar uma montanha, o alpinista tem que levar, necessariamente, cordas, ganchos e luvas apropriadas. Quem quer fazer caça submarina precisa de um arpão. Quem sai para fazer uma longa caminhada em um lugar deserto, onde não tenha hotel, restaurante pelo caminho, tem que se preocupar em levar saco de dormir, comida, água, um mapa...

Você, também, para seguir viagem com tranqüilidade, segurança, não pode deixar de levar algumas coisas na sua bagagem. Camisinha é uma delas – único método capaz de proteger você de doenças sexualmente transmissíveis, como a Aids, e, ao mesmo tempo, evitar a gravidez. Nunca, mas nunca mesmo, ela pode faltar.

E não basta carregá-la na mochila. É preciso usá-la e usá-la sempre, em todas as relações sexuais, mesmo havendo confiança no parceiro ou parceira, com pouco ou muito tempo de relacionamento, com paixão ou sem paixão... Sempre!

A maioria dos adolescentes, hoje em dia, já ouviu falar sobre preservativo, tem alguma informação de como usar uma camisinha, pode comprá-la em farmácias, supermercados, lojas de conveniência e em algumas máquinas automáticas. A maioria reconhece que seu uso é obrigatório. Entretanto, o constante aumento do índice de adolescentes grávidas e de garotas e garotos contaminados por doenças sexualmente transmissíveis, sobretudo a Aids, tem demonstrado que o hábito de usar camisinha ainda não faz parte integrante da vida dos adolescentes.

Indagados sobre o assunto, garotas e garotos relacionaram alguns motivos que fazem com que eles deixem de usar a camisinha.

O QUE DIZEM AS GAROTAS

As razões das garotas são as seguintes: *Preconceito* – elas dizem que garota que anda com camisinha na bolsa sofre o maior preconceito de meninos e meninas; estar prevenida, dizem elas, acaba confundindo as coisas, e elas muitas vezes são encaradas como *galinhas*. *Medo* – se os pais encontrarem a camisinha na bolsa delas, isto significa descobrirem que ela já transa. *Constrangimento* – na hora de comprar ou na hora de pedir para o garoto usar camisinha e *não saber o que fazer* caso ele peça para ela colocar a camisinha no pênis dele.

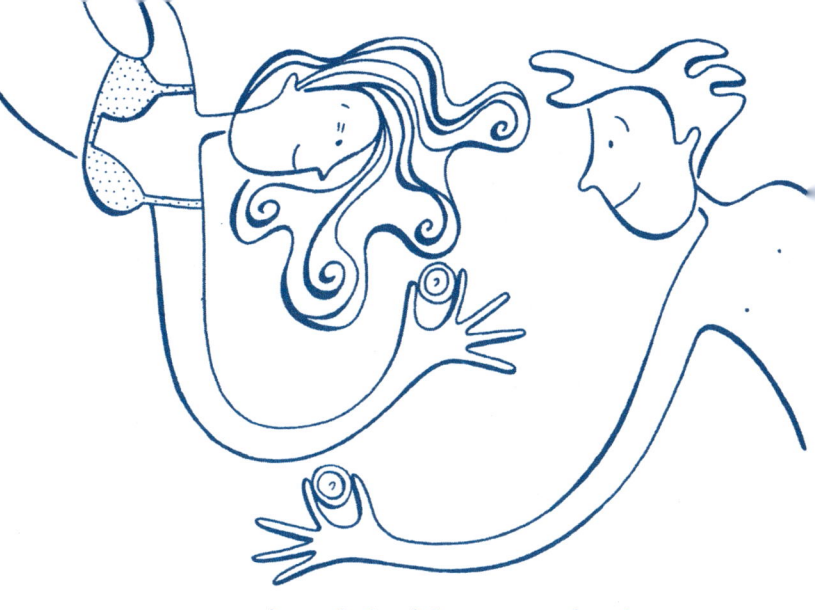

O QUE DIZEM OS GAROTOS

As razões apontadas pelos garotos estão mais relacionadas à dificuldade que eles têm de saber como usá-la corretamente. Eles dizem que têm *dificuldade* de usar camisinha porque não sabem como escolher a melhor, quando decidir que já é hora de colocá-la, *como não errar* na hora de deixar um espaço na ponta onde deve ficar o esperma ejaculado, *como tirar* a camisinha depois da transa, sem deixar escorrer nada. Eles também reclamam das meninas, que dão a entender que camisinha é uma *questão para eles* resolverem. Eles dizem, ainda, que se sentem *constrangidos* na hora de comprá-la.

Tanto garotos como garotas argumentam, também, que não usam camisinha porque o tempo gasto na sua colocação *quebra o clima* ou que, na hora da transa, fica difícil controlar o tesão e acaba não dando tempo.

NADA JUSTIFICA NÃO USAR CAMISINHA

Nenhuma razão, nenhum argumento – nada justifica deixar de lado a famosa *borrachuda*, porque nada pode ser tão ou mais importante que a sua própria vida, certo?!

Preconceito com relação a garotas que carregam camisinha na bolsa – brigue contra ele, não se submeta! Quem, hoje em dia, pensa assim, não merece nenhuma consideração.

Privacidade – cada pessoa tem de tomar conta da sua. Se você, garota ou garoto, não acha que é hora de contar para seus pais que já transa ou pretende começar a transar, é simples: não deixe suas coisas espalhadas por aí.

Se um garoto *pensar mal* de uma garota só porque ela pediu para ele colocar a camisinha, ou vice-versa, tenha certeza, deve ser alguém que, além de estar muito mal informado, está por fora da realidade, por fora dos perigos que se corre hoje em dia quando se transa sem proteção. Deve ser alguém que não valoriza a vida dos outros, nem a sua própria. Quem dá valor à vida, se protege e acha muito legal encontrar quem também se preocupa em fazer sexo com segurança.

QUAL TIPO DE CAMISINHA É O MELHOR?

Com tantos tipos de camisinha disponíveis no mercado, é mesmo difícil saber qual é o melhor. A melhor é aquela que é lubrificada – porque isso facilita no momento da penetração –, com formato anatômico, ou seja, que se amolda ao pênis, e que tenha um reservatório na ponta. Esse tipo de camisinha é o mais seguro, é o que apresenta menor possibilidade de se romper.

Na hora em que você for comprar uma camisinha, verifique se ela está guardada em local seco e fresco. Se estiver exposta ao sol ou ao calor, o látex, material usado para fazer a maior parte dos preservativos hoje em dia, pode ressecar, e isso pode causar o seu *rompimento* na hora da transa. Você também deve se ligar para não deixá-la em lugar quente, como no porta-luvas do carro, por exemplo. Nunca deixe de conferir o prazo de validade e se há o símbolo do Inmetro – órgão que faz o controle de qualidade dos preservativos aqui no Brasil – impresso na embalagem. Você deve, ainda, pegar a embalagem na mão e dar uma leve apalpadinha para ver se ela está estufadinha; isto significa que a embalagem não foi violada. Camisinha com prazo de validade vencido, sem aprovação do Inmetro e sem ar dentro da embalagem tem destino certo: *o lixo*!

COMO COLOCAR UMA CAMISINHA

O que mais causa o rompimento da camisinha é mesmo a sua colocação incorreta. E a garantia de uma colocação correta só se consegue com treino e muita tranqüilidade na hora de colocá-la. Você pode treinar colocar e tirar a camisinha todas as vezes que tiver se masturbando. As garotas podem familiarizar-se com a camisinha tentando *vesti-la* numa cenoura, num pepino ou coisa parecida.

Só se usa uma camisinha de cada vez, e ela tem de ser nova. Se você pensa que colocando duas ao mesmo tempo sua proteção aumenta, isso não está correto. Fazendo assim, o que aumentam são as suas chances de colocá-la errado.

Para realmente se proteger de doenças sexualmente transmissíveis e de uma gravidez, você deve colocar a camisinha antes de o pênis ter qualquer contato com a vagina.

Atenção: para colocá-la, o pênis precisa estar ereto, duro. Aproxime a camisinha do pênis ereto, deixando a parte enrolada para fora. Segure-a com cuidado para que ela não rasgue no contato com as unhas ou com algum anel. Você deve deixar sempre uma folga na ponta para que o líquido que for ejaculado tenha espaço onde ficar depositado. As camisinhas que já possuem esse reservatório delimitado são mais fáceis de colocar. Puxe a pele que recobre o pênis, encaixe a camisinha na ponta dele, aperte-a pela ponta para sair todo o ar e vá desenrolando-a sobre todo o pênis até chegar nos pêlos. É importante não ficar nenhuma bolha de ar entre ela e o pênis porque isso pode causar o rompimento da camisinha enquanto o pênis se move para dentro e para fora da vagina.

Após a ejaculação, o pênis deve ser retirado da vagina ainda duro. Não espere o pênis ficar relaxado, pois a camisinha fica frouxa, pode ficar dentro da vagina e o esperma se espalhará. Depois de tirar o preservativo, lembre-se de dar um nó na ponta para que o esperma não vaze. Embrulhe-o em papel higiênico e jogue na lata do lixo. Não jogue a camisinha dentro do vaso sanitário para não causar entupimento. E lembre-se: *camisinha não pode ser reaproveitada.* Depois de usada tem de ir para o lixo.

As camisinhas lubrificadas não precisam de mais lubrificante. Mas, caso você decida fazer uso de um lubrificante adicional, não use aqueles produzidos com óleos minerais ou vegetais, como a vaselina, porque prejudicam o látex. Use apenas lubrificantes à base de água, em forma de gel. Leia sempre na embalagem a composição do produto para saber do que é feito o lubrificante e, se você não entender direito o que está escrito na bula, pergunte ao farmacêutico.

MOMENTO DE COLOCAR A CAMISINHA: PARADA DIVERTIDA E SENSUAL

Você não leva mais que alguns segundos para colocar uma camisinha. Não é um bicho-de-sete-cabeças como dizem alguns. Basta, mesmo, um pouco de treino. Portanto, essa de dizer que não foi capaz de controlar o tesão e por isso não deu tempo de colocar camisinha não tem fundamento. Quem está convencido da importância de usá-la, quem está consciente da proteção que ela representa *consegue segurar o tesão.*

Esse momento pode se tornar um momento muito sensual, muito erótico. Pode ser, também, um momento de descontração, de brincadeira. A garota, em vez de ficar só na expectativa, parada, olhando, pode ajudar o garoto a colocar a camisinha. Tudo vai depender de como rola a intimidade entre vocês. E, se existe intimidade, cumplicidade, respeito na relação, não tem essa de *quebrar o clima*. A camisinha pode e deve fazer parte do clima.

Já existe uma camisinha feita para a mulher, que é colocada dentro da vagina, mas que é pouco usada. A camisinha feminina já se encontra disponível para ser comprada nas farmácias. Veja outras informações no próximo capítulo.

Se você realmente está a fim de seguir viagem, acha que chegou a hora de transar, tem que saber impor o uso da camisinha. Não dá para marcar bobeira. Amor, paixão, confiança não tornam ninguém imune à gravidez nem a nenhum tipo de doença.

15 PONHA NA BAGAGEM OUTRO MÉTODO CONTRACEPTIVO ALÉM DA CAMISINHA

No momento em que você está elaborando planos para seguir viagem, não se esqueça de que o roteiro é de sua inteira responsabilidade. É você quem deve decidir o que e quando fazer algo. É você quem deve decidir qual o momento mais adequado para ingressar neste ou naquele país.

Com a chegada da primeira menstruação, para as garotas, e da primeira ejaculação, para os garotos, ambos passaram a ter em seus passaportes o visto de entrada para o país da maternidade e da paternidade. Isto não quer dizer que você deva fazer uso deste visto agora, na sua adolescência. O seu corpo está em condições biológicas de gerar um novo ser, mas isso não significa que você já possua maturidade emocional e psicológica suficiente para arcar com todas as responsabilidades que um filho acarreta na vida de qualquer pessoa.

Os inúmeros depoimentos de garotas e garotos que se tornaram pais em plena adolescência comprovam que essa fase da vida não é o melhor momento para ter um filho. Não vale a pena correr nenhum risco nesse sentido. Uma gravidez indesejada ou a opção por um aborto (que em nosso país é uma prática ilegal) são situações muito ruins para o menino ou para a menina. Podem deixar marcas para o resto da sua vida. Podem obrigar você a ter de deixar de lado muitos de seus sonhos, a mudar radicalmente seus planos.

ERROS DE CÁLCULO

Muitas garotas e garotos acreditam que ter relações sexuais quando a menina está menstruada não engravida, que na primeira relação sexual nunca se engravida, que transar em pé não engravida, que tomar uma ducha na vagina após a relação ou pular depois da relação sexual evita a gravidez. Em razão dessas e de outras crenças que não possuem fundamento nenhum, um número grande de adolescentes tem engravidado sem desejar.

Uma garota sempre – sempre mesmo – corre o risco de engravidar se tiver uma relação sexual sem fazer uso de um método anticoncepcional eficiente. Mesmo se ela estiver menstruada há esse risco, apesar de ser um risco menor. Até mesmo uma garota virgem pode engravidar se o seu par ejacular na entrada da vagina, porque alguns espermatozóides podem conseguir entrar pelo canal da vagina e alcançar o óvulo. Portanto, a partir do momento em que você decidir ter uma vida sexual ativa, a partir do momento em que você começar a ter relações sexuais, deve, necessariamente, fazer sempre uso de um método anticoncepcional.

Além da camisinha, existem outros métodos contraceptivos que você pode escolher para levar na sua bagagem. Tenha uma idéia geral de quais são eles e como funcionam para que você possa conversar e obter mais informação com o médico ginecologista sobre aquele que você achar mais interessante.

Mas, lembre-se, a camisinha é o único método que, além de evitar a gravidez, protege você das doenças sexualmente transmissíveis. Para maior segurança, você pode usá-la associada a outro método contraceptivo.

MÉTODOS NATURAIS PARA EVITAR GRAVIDEZ

São aqueles que não dependem de produtos químicos nem usam materiais estranhos ao corpo, como a tabelinha e o coito interrompido. Costumam ser pouco eficientes e nenhum deles é aconselhável para ser usado nesse momento da sua viagem, porque todos eles exigem que a mulher conheça muito bem as reações do seu corpo, que tenha uma menstruação regular e, ainda, muita disciplina e organização para conseguir colocá-los em prática.

Tabelinha

A tabelinha se baseia no conhecimento do ciclo menstrual e da data provável da ovulação, período em que a mulher está fértil. Para fazer uso da tabelinha, em primeiro lugar, a mulher precisa ter um ciclo menstrual regular. Você consegue saber de quantos dias é o seu ciclo e se ele é regular anotando por, no mínimo, oito meses o primeiro dia da menstruação e o dia anterior à próxima menstruação. Fazendo isto você vai descobrir se o seu ciclo é de 28 em 28 dias, de 30 em 30 dias... Sabe-se que a ovulação ocorre por volta de 14 dias antes da menstruação. Assim, se o ciclo é de 28 dias, a ovulação deverá ocorrer no décimo quarto dia depois do primeiro dia da última menstruação; se o ciclo é de 30 dias, a ovulação deverá ocorrer no décimo sexto dia depois do primeiro dia da última menstruação. Uma vez estabelecido o provável dia da ovulação, deve-se evitar relações sexuais quatro dias antes desse dia e quatro dias depois, porque os espermatozóides podem ficar vivos por volta de três dias. É um método bastante arriscado, pois, na prática, a ovulação da mulher pode variar pelos mais diversos motivos. Uma viagem, uma emoção mais forte, remédios e dietas são alguns exemplos de situações que podem fazer a mulher ovular em outra data. Para os adolescentes, a tabelinha é ainda menos indicada porque demora alguns anos para o ciclo menstrual de uma garota se tornar regular.

O coito interrompido

O coito interrompido consiste na retirada do pênis de dentro da vagina momentos antes de o homem ejacular. O homem tem de perceber que está para ejacular e rapidamente tirar o pênis para expelir o sêmen fora do corpo da mulher. Apesar de muito usado, este método está longe de ser eficiente, porque os espermatozóides *já* estão presentes no líquido lubrificante que o pênis expele antes da ejaculação e porque, na hora do entusiasmo, muitos meninos e homens não conseguem controlar-se e acabam gozando dentro da vagina. Além disso, é muito frustrante para ambos cortar o prazer no momento em que ele está chegando ao auge. Quem não quer mesmo correr riscos, deve optar por outro método mais seguro.

MÉTODOS ARTIFICIAIS PARA EVITAR GRAVIDEZ

A pílula anticoncepcional

Este é um método hormonal. A pílula é composta de hormônios sintéticos que enganam o organismo simulando uma gravidez. O corpo, então,

achando que a mulher está grávida, deixa de ovular. Para que a pílula possa agir com eficiência, a mulher deve começar a tomá-la no primeiro dia após o início da menstruação, uma todos os dias, sem interrupção, de preferência no mesmo horário, durante vinte e um dias (equivalentes ao número de comprimidos que uma cartela do medicamento contém). A menstruação ocorre dentro de dois a cinco dias depois da ingestão de todos os comprimidos de uma cartela. É possível um atraso para tomar a pílula de no máximo doze horas. Depois disso, se você esqueceu mesmo, deve tomar duas pílulas – a do dia e aquela esquecida –, continuando a cartela regularmente e, para sua segurança, associando a ela outro método anticoncepcional. A pílula somente deve ser usada com indicação e acompanhamento médicos, pois a mulher pode apresentar alguma condição de saúde que não permita o seu uso, e isto só um médico pode avaliar. Algumas mulheres podem sentir alguns efeitos colaterais, tais como cansaço, desânimo, dor de cabeça, aumento de peso, aumento das mamas, enjôo. Na verdade, só se deve pensar em tomar pílulas dois anos após a menarca, pois, antes disso, os ovários não completaram seu pleno desenvolvimento. Exceção a isto, só o médico ginecologista pode avaliar.

Anticoncepcional injetável

São injeções mensais de hormônios femininos (estrógeno e progesterona) que inibem a ovulação. A injeção é aplicada apenas uma vez por mês e essa aplicação pode ser feita em farmácia. O anticoncepcional injetável pode alterar um pouco o ciclo menstrual nos dois primeiros meses, e os efeitos colaterais são parecidos com os da pílula anticoncepcional.

Dispositivo intra-uterino (DIU)

O DIU é um pequeno dispositivo revestido de plástico ou cobre, que é colocado dentro da cavidade do útero. Este dispositivo impede que o espermatozóide chegue até o óvulo ou que o óvulo fecundado (ovo) se implante na parede do útero. Somente o médico pode colocar e remover o DIU. Isto pode ser feito no próprio consultório do ginecologista, sem a necessidade de anestesia. Este método não é aconselhável para adolescentes e mulheres que ainda não tiveram filhos porque sua colocação se torna mais difícil e, também, porque ele pode causar infecções capazes de tornar a mulher estéril.

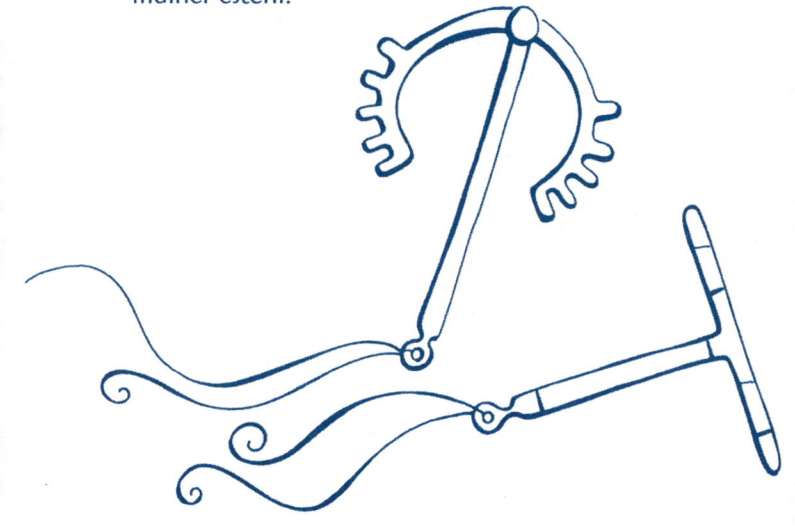

Diafragma

O diafragma é um objeto de borracha em forma de concha, que tem um anel flexível na borda. Ele é colocado antes da relação sexual na parte mais funda da vagina, de modo que se encaixe e cubra todo o colo do útero. Deve sempre ser usado junto com o espermicida para ser realmente eficaz, e só deve ser retirado após oito horas. Com um pouco de calma você aprende a colocá-lo e a retirá-lo facilmente. Depois de ter sido usado, lava-se com água e sabão, e ele está pronto para ser usado novamente. O tamanho do diafragma varia de uma mulher para outra, por isso, antes de comprá-lo, você precisa ir ao ginecologista para que ele tire a sua medida. Apesar de não ser muito difundido no Brasil, é um excelente método anticoncepcional.

Espermicidas vaginais

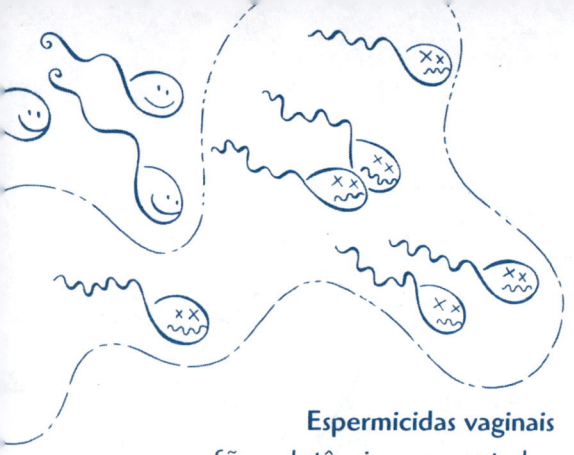

São substâncias apresentadas em forma de cremes, geléias e óvulos, que matam os espermatozóides e não prejudicam as células do corpo. O produto deve ser colocado na parte mais funda da vagina, fazendo uma barreira à passagem dos espermatozóides. Este é um método *pouco eficiente* para ser usado sozinho. Ele é par indispensável do diafragma (veja anteriormente). Mas, cuidado: não se deve utilizá-lo com camisinha porque aumenta a probabilidade de rasgá-la.

Camisinha feminina

O preservativo feminino tem a forma de um pequeno saco, com um anel em cada extremidade. Um dos anéis fica numa extremidade fechada e é este que deve ser introduzido bem no fundo da vagina. O anel da outra extremidade é aberto e fica no lado de fora da vagina. É através dele que o pênis é introduzido na vagina no momento da relação sexual.

UMA DEMONSTRAÇÃO DE MATURIDADE

A utilização de um método anticoncepcional não é um problema somente da mulher. A participação do homem na geração de um filho é de 50%, portanto ele também tem responsabilidade em se ligar no assunto se não quiser encarar a paternidade nesse momento da vida.

Encarar *pra valer* essa questão da contracepção, de fazer sexo com proteção, com segurança, seja você uma mulher ou um homem, é uma demonstração de maturidade para quem quer levar uma vida sexual ativa. Hoje em dia, com as constantes pesquisas da ciência, com os avanços da tecnologia, você pode desfrutar do prazer que o sexo proporciona sem correr o risco de gerar um filho fora de hora.

Faça com que a sua viagem de vivência da sua sexualidade seja bastante segura naquilo que depender de você. Não deixe nunca de se proteger. Se você fizer a sua parte, os riscos de enfrentar uma gravidez indesejada ou de se contaminar por alguma doença serão infinitamente menores. Assim, você pode seguir viagem com muito mais tranqüilidade e desfrutar do prazer que cada momento, cada nova paisagem, cada novo lugar pode proporcionar-lhe.

Na adolescência você está só iniciando suas descobertas relacionadas à sexualidade. Há muito para ser explorado, muito para ser vivido. É o momento de você se dedicar a você e não a um outro ser.

Pense bem nisso para não ter de mudar radicalmente os seus planos de viagem.

16
NÃO PONHA NA MOCHILA UMA DOENÇA SEXUALMENTE TRANSMISSÍVEL

Existem várias doenças sexualmente transmissíveis (que são identificadas pela sigla DST), com as quais você pode deparar no transcorrer da sua vida sexual. Quem decide ter uma vida sexual ativa corre esse risco.

O que fazer, então? Ficar pensando em todos os riscos que você está correndo a cada minuto não leva a lugar nenhum. O que você pode e deve fazer é sempre tomar medidas de precaução para tornar a sua viagem um pouco mais segura. Por exemplo, quem toma o cuidado de atravessar uma avenida perigosa na faixa de pedestres ou na passarela corre muito menos riscos de sofrer um atropelamento.

Para a sua vida sexual vale o mesmo. Existem várias coisas que você pode fazer para diminuir, consideravelmente, o risco de se contaminar por uma doença sexualmente transmissível e tornar a sua viagem de vivência da sexualidade mais segura. Vale lembrar: *a decisão sempre está na sua mão*. Da mesma forma que é você quem decide se vai ou não atravessar a rua na passarela ou na faixa de pedestre, é você quem decide fazer sexo sempre com segurança, ou seja, nunca, mas nunca mesmo, abrir mão de usar todos os métodos disponíveis capazes de proteger a sua saúde.

Algumas orientações servem para todas as doenças sexualmente transmissíveis. Veja quais são elas:

PRESTE SEMPRE MUITA ATENÇÃO NO SEU CORPO

Como regra geral, quando sair alguma secreção anormal dos genitais, quando sentir coceira, dor ao urinar, lesões nos lábios vaginais ou no pênis, aparecimento de ínguas ou inchaço, uma doença sexualmente transmissível pode ter aparecido. Com qualquer desses sintomas, você deve ir ao médico.

NÃO TOME MEDICAMENTOS POR CONTA PRÓPRIA OU POR INDICAÇÃO DE FARMACÊUTICO. PROCURE UM MÉDICO

Somente um médico tem condições de avaliar se você tem uma doença sexualmente transmissível. Um remédio, como um antibiótico, por exemplo, pode fazer você se sentir melhor, pode fazer desaparecer um sintoma e não ser eficaz para curar determinada doença. Você continua doente pensando que está bem. Quando a doença volta a se manifestar, ela pode estar mais grave e já pode ter comprometido parte da sua saúde para o resto da vida.

CONVERSE IMEDIATAMENTE COM O SEU PAR

Não dá para fugir de uma conversa franca com a pessoa com quem você mantém um relacionamento sexual. No caso de muitas das doenças sexualmente transmissíveis, não basta um dos dois se tratar. A outra pessoa também pode estar com a doença e não sentir nenhum sintoma. Ela precisa saber o que está acontecendo para também se tratar. Se apenas você se trata, basta um novo contato sexual com a pessoa para você se contaminar outra vez.

USAR CAMISINHA SEMPRE, AO FAZER SEXO VAGINAL, ORAL OU ANAL

A camisinha é o único meio eficaz de você se proteger de uma doença sexualmente transmissível. Como o nome já diz, essas doenças são passadas de uma pessoa para outra pelo contato sexual. A camisinha, nesse caso, forma uma barreira, tanto na prática de sexo vaginal (quando há penetração do pênis na vagina) quanto na prática de sexo anal (quando o pênis penetra no ânus). Sexo oral também deve ser praticado somente com camisinha. Nesse caso, você deve tomar o cuidado de usar uma camisinha que não contenha lubrificante. Os órgãos sexuais da mulher também devem ser protegidos ao serem acariciados com a boca. Para cobri-los, você também pode usar uma camisinha comum. Basta cortá-la em forma de um retângulo e colocá-la entre a boca de quem vai fazer as carícias e os órgãos genitais da mulher. Você pode usar, ainda, um filme de PVC, uma espécie de plástico fino usado para embalar alimentos, que serve também tanto para proteger o pênis como os genitais da mulher ao praticar o sexo oral.

Vamos ver, então, quais são essas tais DSTs, começando pela mais séria de todas, a Aids, que tem se proliferado assustadoramente, principalmente entre mulheres e adolescentes.

Síndrome da Imunodeficiência Adquirida – Aids

É a mais grave de todas as doenças sexualmente transmissíveis porque não tem cura e ainda mata muita gente. A Aids (sigla em inglês de *Acquired Immunological Deficiency Syndrome*) é um conjunto de sintomas e doenças que a pessoa adquire depois de ter sido infectada por um vírus – o HIV *(Human Immunodeficiency Virus)*. Nosso organismo possui um sistema chamado imunológico, cuja função é proteger o corpo da ação dos mais diversos vírus, bactérias, parasitas e outras coisas mais a que estamos sujeitos diariamente. Esse vírus, o HIV, tem a capacidade de acabar com o sistema imunológico do organismo em que se instala, ou seja, ele destrói a capacidade de o organismo se defender até de uma simples gripe – que pode acabar se complicando e se transformar numa séria pneumonia. *Não é o vírus que mata*. São as doenças provocadas pelas infecções, chamadas *doenças oportunistas*, que não fazem mal para quem está com as defesas normais, mas podem matar quem está contaminado pelo HIV, pois o sistema imunológico, por ter se tornado deficiente em razão do vírus, já não consegue defender o organismo. A prática sexual é uma importante forma de transmissão da Aids, apesar de não ser a única. Os fluidos corporais que, reconhecidamente, podem provocar o contágio quando passam de um organismo contaminado para outro não contaminado são o sangue, o esperma e as secreções vaginais. A saliva, as lágrimas, o suor e a urina são fluidos corpóreos que também contêm o HIV, mas a transmissão por meio deles é considerada pouco provável.

Uma pessoa infectada pelo HIV é chamada de HIV-positivo ou soropositivo, e ela pode levar de três a dez anos para desenvolver algum sintoma ou doença. Enquanto os sintomas ou as doenças não se manifestam, a pessoa se sente saudável, tem aparência saudável e não imagina que está contaminada. O grande problema é que, durante todo esse tempo, ela pode transmitir o vírus para as pessoas com quem mantiver relacionamento sexual sem proteção, sem usar camisinha.

A Aids é realmente uma doença muito séria, complexa, e ainda não foi desenvolvida uma vacina ou um remédio que seja eficiente para combater totalmente o vírus HIV. A melhor maneira de enfrentar a Aids continua sendo, mais uma vez, a prevenção. O único jeito de não correr o risco de se contaminar pelo HIV é transar sempre com camisinha. Transar com uma pessoa com a aparência saudável não oferece nenhuma garantia. Ela pode estar contaminada e não apresentar sintoma nenhum. O amor e a paixão não tornam ninguém imune ao vírus, só mesmo o uso da camisinha pode oferecer proteção. Por isso, se você não pretende colocar a sua vida em risco, tenha relações sexuais somente com camisinha. Ao praticar sexo vaginal, oral ou anal, sempre se proteja com a camisinha.

Sífilis

É uma doença causada por um microorganismo chamado *Treponema pallidum*. Depois da Aids, a sífilis é uma das DSTs que mais causam problemas, porque ela evolui em três fases distintas, sendo que os sintomas das duas primeiras fases desaparecem depois de um tempo sem o uso de medicamentos, e faz com que a pessoa ache que já não está doente, quando na verdade está. Quando a sífilis se manifesta no seu terceiro estágio, o que pode ocorrer de dois a vinte anos depois do contágio, ela surge *pra valer* e causa sérios problemas à saúde. Sua principal forma de transmissão é por meio da prática de sexo vaginal, anal ou oral com uma pessoa que tem a doença. Embora menos freqüente, a doença também pode ser transmitida pela transfusão de sangue contaminado. A recomendação, novamente, para você não correr o risco de se contaminar, você sabe: sempre usar camisinha quando tiver uma relação sexual.

Condiloma (HPV)

O condiloma é também provocado por um vírus – o HPV (*Human Papilloma Virus*) ou Papilomavírus. O contato sexual é responsável pela grande maioria dos casos de contágios, bastando que haja contato íntimo com uma pessoa que tenha a doença. Logo após o contágio, o vírus ocasiona o surgimento de verrugas na região genital (vulva, vagina, colo do útero, ânus, pênis, uretra). Essas verrugas podem aparecer isoladas ou em grupos, possuem uma aparência enrugada e são popularmente conhecidas como *crista de galo*. O tratamento se baseia na cauterização com bisturi elétrico ou a *laser* e na aplicação de loções químicas ou com gelo para congelar a lesão. O grande problema do condiloma é que, apesar de as verrugas desaparecerem com o tratamento, em geral o vírus continua presente no corpo e pode fazer com que as tais verrugas reapareçam a qualquer hora. Mais que isso: o condiloma está ligado ao câncer de colo de útero. Por isso, as mulheres devem fazer, com regularidade, o exame preventivo dessa doença, que é o Papanicolau. Então, você já sabe: para se proteger, ao ter uma relação sexual, deve sempre usar camisinha.

Clamídia

Uma das DSTs mais comuns, a clamídia, uma bactéria cuja principal forma de transmissão é a prática sexual, provoca infecções tanto no sistema reprodutor feminino como no masculino. A grande maioria das pessoas contaminadas não apresenta sintomas da doença. Os sintomas podem aparecer um mês após a exposição, originando, no homem, uma secreção anormal do pênis, aumento da vontade de urinar e dor ao urinar; na mulher, aparecem corrimento vaginal, dor no baixo-ventre e sangramento fora da época da menstruação. O tratamento é simples, feito com antibióticos. Se não diagnosticada logo, a clamídia pode causar sérias inflamações que, na mulher, atingem o útero, as tubas e os ovários e podem levar à esterilidade. No homem, a doença causa inflamações que também podem comprometer a sua fertilidade. Quem um dia teve clamídia e tratou corretamente não precisa se preocupar com a possibilidade de a doença voltar, a não ser que tenha novo contato com alguém que esteja infectado. O uso da camisinha, como em todos os casos, é a melhor forma de se prevenir contra o contágio dessa doença.

Herpes

Causada por um vírus, o HSV (*Herpes Simplex Vírus*), faz surgir pequenas bolhas que tanto podem aparecer nos lábios da boca como nos lábios dos genitais (pênis e vulva) e incomodam demais. Na maioria das vezes, o primeiro sinal da manifestação do herpes é coceira, irritação ou inchaço em certos pontos da região genital. Uns dois dias depois, surgem no local muitas bolhas bem pequenas, cheias de um líquido transparente, que causam muita dor. Basta o contato íntimo com uma pessoa cujo herpes esteja em fase de crise para que haja o contágio. Nesse caso, também o uso da camisinha é essencial para prevenir o contágio genital.

Gonorréia ou blenorragia

É uma doença causada por uma bactéria transmitida através do contato sexual vaginal, anal ou oral com alguém que tenha a doença. No homem, os sintomas são dor e ardência ao urinar e o surgimento de um corrimento amarelo que sai da uretra. Na mulher, é freqüente não aparecer sintoma nenhum por um bom tempo. Os sintomas surgem quando ela já está com inflamação nas tubas e ovários, o que faz com que ela passe a ter febre e a sentir dores no baixo-ventre, além de aumento da freqüência urinária, dor ao urinar e corrimento vaginal. No período em que a mulher está doente, mas não apresenta sintomas, ela pode transmitir a doença para outros parceiros se tiver relações sexuais sem usar camisinha. Se a gonorréia não for tratada, poderá causar esterilidade tanto no homem como na mulher e, em casos extremos, problemas nas articulações ou até no coração.

Tipos de vaginites

É muito comum a mulher apresentar inflamação na vagina, geralmente causada por bactérias ou fungos. *Vaginite* é uma infecção genital causada por uma bactéria (*Gardnella vaginalis*), que raramente ataca os homens e provoca ardor e corrimento acinzentados.

Tricomoníase é outra infecção causada por um protozoário que atinge mais as mulheres. Ela provoca aumento do muco vaginal, coceira intensa na vulva, ardor ao urinar, dor abdominal durante a relação sexual e um corrimento amarelado e malcheiroso. O parceiro sexual da mulher infectada também deve ser medicado, porque ele pode estar com o *trichomonas vaginalis*, causador de infecção na uretra, sem apresentar nenhum sintoma.

Candidíase ou *moniliase* é uma infecção causada por um fungo (*Candida albicans*) que provoca, na mulher, um corrimento com placas esbranquiçadas, com um cheiro azedo e coceira na vulva e, no homem, ardor ao urinar. Nem sempre este fungo é transmitido através das práticas sexuais.

Como dá para perceber, sua viagem de exploração e vivência da sexualidade pode proporcionar a você prazer por toda a vida, mas, para isso, você tem de fazer a sua parte: *cuidar sempre da sua proteção*. Sempre, mesmo! Fazendo isso, você garantirá uma vida longa, saudável, com a possibilidade de desfrutar de muito prazer.

17 — SEU AGENTE DE VIAGENS: O MÉDICO, O TERAPEUTA

Quem pretende se aventurar por novos caminhos, ampliar suas experiências, precisa ter certas precauções. Um bom alpinista, por exemplo, não sai para escalar uma montanha que nunca escalou sem antes saber se está em condições de saúde para realizar tal empreitada, sem saber da previsão do tempo, sem tirar todas as suas dúvidas e se informar sobre tudo o que possa ajudá-lo a ter sucesso em seu objetivo.

Faça o mesmo – não inicie suas experiências nem dê prosseguimento a suas vivências afetivas e sexuais sem antes buscar respostas às suas dúvidas, sem tentar informar-se sobre tudo o que possa ajudar você a ter sucesso em sua viagem. Para este caso, especificamente, um médico ou um terapeuta são os agentes de viagens que você deve consultar.

Um agente de viagens possui informações atualizadas dos aeroportos, estações de trem, horários de conexões entre vôos, possui mapas das grandes cidades, indicação de hotéis, calendário das exposições dos museus, programação de casas de espetáculos, dos teatros, entre muitas outras dicas importantes que podem facilitar muito a sua vida. O médico ou o terapeuta possui informações e conhecimentos que ajudam você a se livrar dos problemas e a evitá-los, a seguir viagem com mais tranqüilidade e mais segurança para fazer escolhas, tomar decisões.

GAROTAS E GAROTOS: QUE PROFISSIONAL DEVEM PROCURAR?

Tudo vai depender das dúvidas e dos problemas a serem resolvidos. Se as suas dúvidas ou os seus problemas estão mais relacionados às suas emoções, isto é, ao modo como você se sente, às dificuldades que encontra ao se relacionar com o seu par, à timidez, a inseguranças e medos, o profissional mais indicado é um psicólogo. Como profissional, ele pode ajudá-lo(a) a compreender seus sentimentos, suas sensações, a lidar com a sua insegurança, enfim, a se conhecer melhor.

Mas, se as questões a serem resolvidas estão mais relacionadas ao seu físico, o médico mais indicado para orientar você é o pediatra. E não pense que pediatra cuida apenas de bebês e crianças. Existem profissionais especializados em cuidar de adolescentes, que estudam mais a fundo as transformações físicas e psicológicas que ocorrem em garotos e garotas a partir do momento em que ingressam na puberdade e estão mais bem preparados para entender o que está se passando com você.

Em alguns convênios médicos, inclusive, você já encontra na relação dos médicos especialistas em adolescentes.

Caso você tenha um pediatra que tenha cuidado de seu desenvolvimento desde a infância, melhor ainda, pois ele já conhece os problemas que você teve. Deixe o preconceito de lado e diga a seus pais que quer procurá-lo. Seus pais podem levar você e ficar na sala de espera, se isso for deixar você mais à vontade para fazer todas as perguntas que tem vontade de fazer. Se eles não perceberem que você deseja falar com o médico a sós, aja com franqueza e peça para que não entrem, explique suas razões, mesmo que isso não seja fácil.

Muitas das questões a serem tratadas estão relacionadas à sua intimidade, por isso tente superar qualquer constrangimento, superar a timidez e usar de toda sinceridade, para que o médico ou terapeuta tenha, realmente, condições de ajudar você.

Como os homens não têm um médico específico que trate exclusivamente de seus órgãos genitais, como acontece com as mulheres, muitos rapazes acham que o médico mais indicado para tratar deles é um urologista. Não é bem assim. O urologista é um médico especialista em tudo o que se refere às vias urinárias e deve ser procurado se houver algum problema real nessa área. Ele também pode ajudar você, mas o melhor é procurar antes um pediatra ou um clínico geral que vai identificar se *realmente* é o caso de encaminhá-lo ao urologista.

Na maioria dos casos, os problemas dos garotos na adolescência, como, por exemplo, ejaculação precoce, ausência de ereção, estão mais relacionados a questões emocionais. Por essa razão, procurar um psicólogo pode ser uma boa solução. Ele poderá, inclusive, ajudá-lo a decidir qual o tipo de médico você precisa procurar – se é o seu pediatra, um clínico geral ou um especialista.

A situação das meninas é diferente da dos garotos. O aparelho reprodutor feminino é mais complexo e delicado que o masculino. Em razão da menstruação, por exemplo, elas sentem várias mudanças ocorrerem em seu organismo todo mês – muitas sentem cólicas fortes, outras retêm muito líquido nos dias que antecedem a menstruação, outras ficam irritadas por demais da conta... Elas, sim, possuem um especialista que cuida dos órgãos sexuais da mulher: é o ginecologista.

Depois que a garota começa a ter uma vida sexual ativa, começa a ter relações sexuais, ela deve consultar, ao menos uma vez ao ano, um ginecologista. Isso não quer dizer que ela não possa ou não deva ter outro médico que a acompanhe. Caso ela sinta necessidade, deve continuar a consultar o pediatra, o clínico geral e ir ao ginecologista quando se tratar das questões relacionadas aos seus órgãos sexuais, como veremos a seguir.

MEU AGENTE:
UMA QUESTÃO DE CONFIANÇA

Tendo ou não um pediatra que o acompanhe, você não deve adiar sua ida ao médico especialista. Uma boa maneira de encontrar este profissional é através da indicação de pessoas da sua confiança, como seus pais, um primo, uma prima, um(a) professor(a), um(a) amigo(a). Peça ajuda, procure conversar com eles e ouça as dicas que eles têm para dar. Com uma indicação na mão, meio caminho está andado.

A indicação do profissional por alguém da sua confiança, porém, não garante que você se dê bem com ele. Pode ser que um terapeuta, por exemplo, agrade a seus pais, a seu amigo ou sua amiga e não agrade a você. Nesse caso, consiga outra indicação, mas não desista.

Como em qualquer profissão, você vai encontrar profissionais competentes, humanos, que se preocupam com aqueles que o procuram, que realmente querem orientar, esclarecer seus pacientes, mas também vai encontrar o contrário. Você pode deparar com profissionais incompetentes, mal-humorados, técnicos demais, distantes demais e até sem caráter. E como saber se você, realmente, escolheu bem o profissional?

Preste sempre muita atenção na postura do médico, no jeito como ele trata você desde o início da consulta. Caso você perceba que ele não quer muita conversa, não faz nada para que você fique mais à vontade, quer acabar logo a consulta, pode ter certeza, não foi uma boa escolha. Ou, se você se sentir pouco à vontade, com o pé atrás, com algum tipo de constrangimento, procure outro profissional. Só não vale desistir. É a sua saúde, o seu corpo e a sua vida sexual que estão em jogo.

Ter afinidade com o profissional escolhido é muito importante. Seja ele homem ou mulher, você precisa sentir confiança para se abrir e expor todas as suas dúvidas, todos os seus problemas. Você precisa gostar do jeito como o profissional conversa com você e trata de seus problemas. Não adianta estar na frente do melhor médico ou do melhor terapeuta do mundo, se você não consegue se sentir à vontade para fazer perguntas, falar sobre você.

E, acredite, nenhum médico, especialista ou não, nenhum terapeuta, pode sair por aí falando para os outros sobre o que vocês conversaram ou sobre o que se passa com você, mesmo que tenha sido indicado ou escolhido pelos seus pais. Ele deve manter sigilo profissional. Em casos muito graves, o médico ou o terapeuta pode querer falar com seus pais ou com quem é o responsável por você. Mas, mesmo assim, deve falar antes com você.

Se você não tem como pagar a consulta de um médico particular – não ganha mesada, não tem convênio médico, não trabalha e não tem abertura para falar com seus pais sobre a necessidade de procurar um médico ou um psicólogo –, você pode se valer do serviço público. Existem, inclusive, serviços gratuitos de atendimento médico e psicológico só para adolescentes. Procure informações em postos de saúde ou nos hospitais públicos de sua cidade.

A PRIMEIRA VISITA AO GINECOLOGISTA: MAIS FÁCIL DO QUE VOCÊ IMAGINA

Um ginecologista é o especialista que cuida dos órgãos sexuais da mulher, e essa especialidade existe e é importante porque o aparelho reprodutor feminino é mais complexo e delicado que o dos homens e requer atenções específicas.

É o médico ginecologista quem tem mais condições de verificar se está tudo bem com seus órgãos sexuais, de orientá-la sobre a melhor escolha do método anticoncepcional, considerando a sua idade e o tipo de relacionamento que mantém, de tratar dos problemas relacionados à tensão pré-menstrual, entre outras coisas específicas do corpo da mulher.

Algumas mães levam suas filhas ao ginecologista no período da puberdade. Mas, se sua mãe nunca falou no assunto, se você não tem abertura para falar com ela sobre isso, você deve tomar a iniciativa. Peça para alguém da sua confiança a indicação de um profissional e marque uma consulta. Não desista!

Quando você for à consulta, não se acanhe. Entre sozinha para conversar com o médico, caso você sinta que a presença de outra pessoa pode vir a constrangê-la. Crie coragem e peça para que sua mãe, sua amiga e até mesmo seu namorado fiquem na sala de espera. Pense primeiro em você e faça aquilo que for melhor para você, aquilo que vai deixá-la mais à vontade.

Antes de o médico examiná-la é importante que ele tenha uma conversa com você para saber o que a levou a procurá-lo. Ele deve fazer uma série de perguntas sobre a sua vida, a sua saúde. Ele precisa saber, por exemplo, se você tem ou não uma vida sexual ativa, que doenças já teve desde criança, quando você menstruou pela primeira vez, como é o seu ciclo e fluxo menstrual, se sente cólicas, se você sente algum dos sintomas de tensão pré-menstrual, entre outras tantas questões. Todas essas informações são necessárias para que ele possa orientá-la da melhor maneira. Portanto, deixe a vergonha de lado e seja sincera.

Todas as observações feitas anteriormente sobre como avaliar se a escolha do profissional foi acertada ou não valem no caso de um médico ginecologista. Fique atenta, preste atenção no jeito como o profissional trata você. Caso você não sinta confiança no médico, não se sinta à vontade com ele, não leve a consulta adiante, procure outro profissional. Lembre-se apenas de que só não vale desistir de procurar outro médico.

Depois da conversa inicial, é o momento do exame físico. Muitos ginecologistas têm no consultório uma enfermeira para ajudá-la a se preparar para o exame. Para ser examinada, normalmente, você tira a sua roupa e veste um avental ou se cobre com um lençol.

O EXAME MÉDICO-GINECOLÓGICO

Em primeiro lugar é feito um exame geral no seu corpo. A enfermeira, ou o próprio médico, vai verificar o seu peso, a sua altura e a sua pressão. Depois disso, o médico apalpa seus seios com o objetivo de verificar as glândulas mamárias, se há ocorrência de alguma secreção, enfim, para saber se estão se desenvolvendo normalmente. Ele deve ensinar a você a técnica do auto-exame dos seios, a ser feito periodicamente pela mulher após a primeira menstruação. Caso ele esqueça de falar sobre isso, peça você uma explicação sobre esse assunto porque o auto-exame é fundamental para prevenção do câncer de mama. Seu abdômen também será examinado pela apalpação.

Até aí nada muito diferente da consulta de um pediatra ou de um clínico geral. A diferença é o exame ginecológico. Você vai ficar deitada, com as pernas abertas e apoiadas, em posição ginecológica, como se diz. Primeiro o ginecologista faz uma inspeção externa em seus órgãos genitais, observa a vulva, o clitóris, os lábios e os pêlos para saber se o seu desenvolvimento físico está adequado à sua idade.

Feito o exame externo, se você já teve a sua primeira relação sexual, o profissional fará o exame especular e o exame pélvico bimanual. São dois exames simples, que não doem, apenas incomodam um pouco. Quanto mais tranqüila e mais relaxada você estiver, melhor será o exame.

O exame especular é feito com um aparelho chamado espéculo, popularmente conhecido como bico-de-pato, que deve ser colocado, com delicadeza, dentro da vagina e depois aberto para afastar as paredes vaginais. Com isso, o médico consegue observar o colo do útero, o aspecto e o conteúdo da vagina e colher material para enviar ao laboratório e realizar um exame chamado Papanicolau. Esse exame é preventivo de câncer ginecológico. Após a primeira relação sexual, a garota deve fazer todo ano o exame Papanicolau.

O exame pélvico bimanual é mais conhecido por exame de toque. O ginecologista introduz de um a dois dedos na sua vagina para examinar, por meio do toque, o colo do útero, os ovários e as tubas. Com a outra mão sobre o seu abdômen, o médico consegue sentir a elasticidade e a profundidade da vagina, a consistência, o tamanho e a mobilidade do colo do útero.

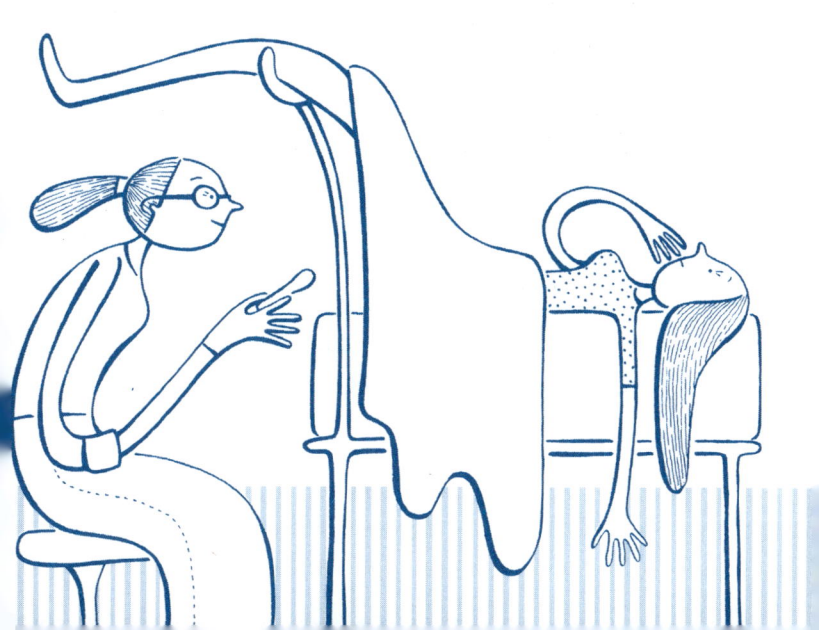

Se você não teve ainda sua primeira relação sexual e se for clinicamente necessário, quer dizer, se você estiver sentindo alguma dor, algum sintoma que o médico precise investigar, o exame é feito com um espéculo específico. E, para fazer o exame pélvico, o ginecologista usa apenas um dedo.

Encerrado o exame físico, o ginecologista volta a conversar com você para falar sobre seu estado de saúde e dar as orientações necessárias. Faça todas as perguntas que você achar importantes. Caso você não entenda alguma explicação, pergunte outra vez, não se intimide. O importante é você sair da consulta se sentindo devidamente esclarecida.

Visitar um ginecologista, ao menos uma vez por ano, é algo que deve fazer parte da rotina da vida das mulheres, da adolescência até a velhice.

Então, se você ainda não foi a um médico ginecologista, não dá para adiar mais. Vá conferir se está tudo bem com a sua saúde, verifique se você possui as informações de que necessita para seguir viagem com segurança. Cada vez mais você deve se conscientizar de que é a primeira responsável pela sua saúde e seu bem-estar. Não deixe que nada atrapalhe sua viagem.

Independentemente do profissional que você for procurar, o importante é não ficar com dúvidas que possam atrapalhar esse seu momento de vida. Faça o esforço que for necessário para encontrar alguém que seja capaz de ajudar você, com segurança e com conhecimento de causa, a se livrar das suas dúvidas, de seus problemas.

Antes de seguir viagem, partir para novas experiências, por mais que você não goste de ir ao médico, passe por cima de qualquer dificuldade, faça o que for preciso e vá conferir se está tudo bem com você.

18 DECIFRANDO O MAPA

ONDE SE LOCALIZA O PRAZER

Ter um mapa à mão do lugar onde você está é sempre muito útil, porque nele você encontra indicações sobre quais são as estradas principais, quais são secundárias, as distâncias entre um lugar e outro, as principais cidades – e tudo isso ajuda você a se localizar e escolher o percurso que quer fazer, a planejar melhor sua viagem.

Muitas pessoas, entretanto, acreditam que só devem guiar-se pelas orientações de um mapa. Quando viajam, só transitam nas principais estradas indicadas, não ousam sair de um roteiro preestabelecido e acabam desperdiçando a chance de conhecer lugares incríveis e de desfrutar desses lugares, porque um mapa não contém todas as possibilidades de caminho.

Alguns atalhos, algumas trilhas que podem levar você a lugares incríveis (que você nem imaginava que existiam) só se descobrem no percurso, durante a viagem. E, ainda, para descobrir esses lugares maravilhosos, você tem de ter atenção ao caminho porque a maioria quase sempre fica escondida, sem muitas placas de indicação. Se você estiver sem atenção ou com muita pressa, várias coisas interessantes acabam passando despercebidas.

O que acontece em relação ao prazer de que você pode desfrutar com seu par é parecido com isso. Se você prestar atenção em seu corpo, vai perceber que existem algumas partes que são mais sensíveis do que outras, que, tocadas do jeito que você gosta, conseguem mais facilmente despertar o seu desejo sexual. Essas partes do corpo mais sensíveis à excitação são chamadas de *zonas erógenas*.

AS ZONAS ERÓGENAS

Nós podemos traçar um mapa das zonas erógenas, que funcionam mais ou menos da mesma forma com a maioria dos seres humanos. Mas esse mapa só contém indicações de alguns caminhos, apenas os mais conhecidos.

Muita gente se preocupa muito em decorar o lugar dessas zonas, em querer saber quais técnicas deve usar para estimulá-las. Acreditam que, de posse de um mapa onde estão assinaladas as regiões erógenas do corpo, a possibilidade de sentir e proporcionar prazer estará garantida.

Na prática, não é bem assim que acontece. Cada ser humano é diferente do outro e, por isso mesmo, tem gostos diferentes, sente as coisas de jeito diferente. Até aquilo que é mais conhecido, que excita a maioria das pessoas, pode não valer para você ou para o seu par.

Na verdade, cada pessoa tem as suas próprias zonas erógenas. Por isso você deve tomar qualquer indicação, qualquer mapa, apenas como uma referência que precisa ser testada na prática. E, mais do que isso, cada um deve procurar explorar todas as partes de seu corpo porque cada um pode encontrar, num lugar escondido, um prazer muito especial.

BEIJOS E BEIJOS

A boca, lábios e língua formam uma região do corpo capaz de fazer você sentir muito prazer. Um beijo na boca, um beijo de língua, pode ser muito excitante. Duas pessoas podem passar muito tempo só se beijando. Beijos demorados, curtidos, trocados com alguém de quem se está a fim, podem fazer você sentir aquele calor que sobe e desce, que esquenta por dentro, que faz você perder a noção da hora, de onde você está e do que está acontecendo à sua volta.

Não existe uma técnica do beijo. A gente aprende a beijar beijando, experimentando todas as possibilidades: do roçar de lábios ao roçar das línguas, com maior ou menor pressão de uma boca na outra, mais rápido ou mais demorado.

O pescoço, a nuca, a orelha, especialmente o lóbulo das orelhas, as costas, a parte interna das coxas, são partes do corpo bastante sensíveis. Tanto homens como mulheres ficam excitados quando são beijados e acariciados nessas regiões. Às vezes, num momento de maior empolgação, muitas pessoas gostam de receber toques mais intensos. Você só não deve se esquecer de controlar a força do seu carinho para não deixar o seu parceiro ou parceira com marcas roxas.

MUITOS OUTROS CAMINHOS

Os seios têm relação direta com a atividade sexual da mulher. Quando acariciados, com a boca ou com as mãos, podem provocar sensações eróticas das mais gostosas. A maioria das mulheres gosta de ser acariciada nos seios e se excita muito com isso, mas também existe uma minoria que não gosta ou que é indiferente a carícias nos seios. É preciso ter um certo cuidado ao acariciar os seios de uma mulher. Às vezes ela tem vontade de ser tocada nos seios com mais força, outras vezes, não (eles ficam muito sensíveis nos dias que antecedem à menstruação). Por isso, o mais indicado é começar tocando de leve e, conforme a reação da garota naquele dia, aumentar ou não a intensidade do toque.

A maioria dos homens gosta, sente prazer, se excita, quando seus mamilos são acariciados. Alguns sentem cócegas nessa região, o que faz com que sintam aflição, incômodo, e outros não toleram carícias nos mamilos.

O clitóris é um dos órgãos mais sensíveis à estimulação sexual no corpo da mulher, e sua função é proporcionar prazer a ela. Quando tocado do jeito que a mulher gosta, às vezes bem de leve, outras com um pouco mais de força, ora com movimentos rápidos, ora mais lentos, pode fazer a mulher chegar ao auge do prazer, ao orgasmo.

Principalmente quando se trata de carícias no clitóris, a mulher deve ser a guia do seu par nessa viagem em busca da satisfação sexual, do prazer. Mas, para poder mostrar o caminho, a mulher precisa conhecê-lo antes, e isso pode ser conseguido através da masturbação, quando ela própria, ao acariciar seus genitais, vai descobrindo o jeito que a faz sentir mais prazer. Por ser muito sensível, o clitóris deve ser tocado com delicadeza, com cuidado. Quando falta umidade no local, se a mulher não está ainda excitada, o toque pode provocar desconforto e causar dor em vez de prazer.

O pênis é o órgão sexual masculino que mais prazer dá ao homem. Todo ele é muito sensível aos estímulos sexuais e, também, deve ser acariciado com cuidado, delicadeza.

A cabeça do pênis, a glande, é a região de maior sensibilidade. A pele é fina e macia e, se tocada com a ponta dos dedos, de preferência umedecidos, ou com a língua, pode fazer o homem sentir muito prazer. O pênis não deve ser apertado com muita força porque, depois, ele vai ficar muito dolorido. Nesse caso é o homem quem deve servir de guia para a mulher e lhe dizer como ela deve fazer, quais movimentos são mais agradáveis, quando ela deve fazer movimentos rápidos ou lentos, quando ele quer que ela segure com mais ou menos força. Ele, também, por meio da masturbação, tem condições de conhecer o seu corpo para poder dizer o que lhe dá mais prazer.

A região do saco escrotal é também bastante sensível aos estímulos sexuais e deve ser tratada com delicadeza. Ao ser tocado, evite apertar o saco porque pode causar mais dor do que prazer. Acariciar o saco, com a mão, com a boca, pode excitar muito um homem.

Na verdade, todo corpo, dos cabelos aos dedos do pé, ao ser tocado, pode excitar, despertar o desejo, o tesão. Quando o homem e a mulher estão tranqüilos, se sentindo à vontade na relação, qualquer parte acariciada pode provocar muito desejo e muito prazer.

Sempre, sempre mesmo, que você fizer um carinho no seu par preste atenção nas reações que ele tem. Aquilo que foi bom num dia, pode não agradar em outro. Se você faz as coisas de forma mecânica, como se seguisse uma receita, você pode não agradar e perder a possibilidade de descobrir lugares do corpo que são capazes de despertar o desejo e o tesão e de proporcionar prazer ao seu par.

Quando você desembarca numa praia deserta pela primeira vez, você não precisa saber, antecipadamente, quais rios, cachoeiras, grutas, cavernas vai encontrar por lá. O gostoso da história, a aventura é justamente você descobrir o que há para ser explorado.

De uma coisa você pode ter certeza, se você perder o mapa, ou não tiver um, mas tiver bom senso de direção, uma boa observação, uma boa percepção, tiver calma e vontade, você consegue se localizar e saber para onde deve seguir.

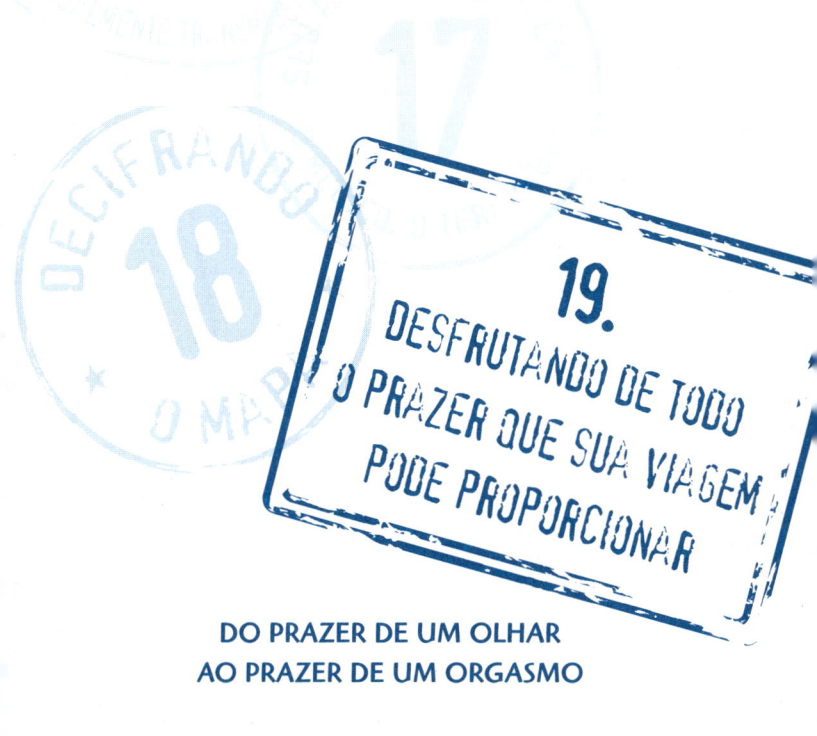

19. DESFRUTANDO DE TODO O PRAZER QUE SUA VIAGEM PODE PROPORCIONAR

**DO PRAZER DE UM OLHAR
AO PRAZER DE UM ORGASMO**

Quando duas pessoas que se sentem envolvidas e atraídas uma pela outra se encontram para passar algumas horas juntas – ir a um cinema, tomar um lanche, andar de mãos dadas, jogar conversa fora –, a sensação de satisfação, de bem-estar, de aconchego que sentem por estarem juntas é prazer.

Receber um telefonema carinhoso de boa sorte às vésperas de uma prova difícil, uma boa conversa que faz você esquecer da hora, um olhar de cumplicidade que encontra o seu no meio de uma aula, chegar em casa e encontrar um cartão-postal enviado de longe, que alivia a saudade que aperta o coração –, tudo isso e muito mais desencadeiam sensações agradáveis de felicidade e fazem você sentir prazer.

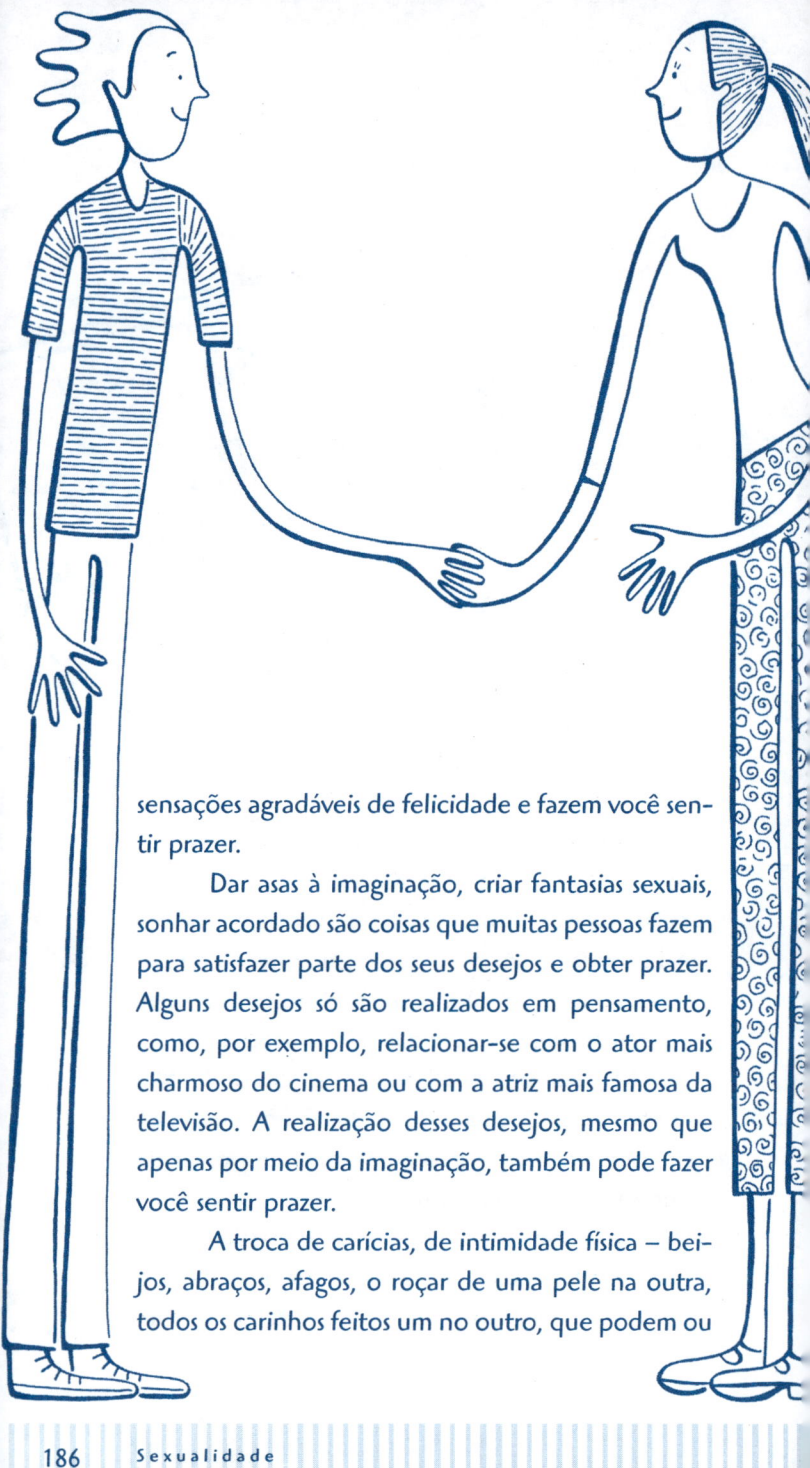

Dar asas à imaginação, criar fantasias sexuais, sonhar acordado são coisas que muitas pessoas fazem para satisfazer parte dos seus desejos e obter prazer. Alguns desejos só são realizados em pensamento, como, por exemplo, relacionar-se com o ator mais charmoso do cinema ou com a atriz mais famosa da televisão. A realização desses desejos, mesmo que apenas por meio da imaginação, também pode fazer você sentir prazer.

A troca de carícias, de intimidade física – beijos, abraços, afagos, o roçar de uma pele na outra, todos os carinhos feitos um no outro, que podem ou não chegar a uma transa –, também despertam o seu desejo, o seu tesão e podem proporcionar a você muito prazer.

Uma relação sexual na clássica posição papai-mamãe, isto é, a mulher embaixo e o homem em cima, também pode proporcionar muito prazer, assim como a busca de outras posições para fazer sexo também pode aumentar ainda mais o prazer. Você não precisa ter conhecimento prévio de inúmeras posições para fazer inovações. O prazer pode estar justamente em você descobri-las.

Fazer sexo oral, usar a boca, a língua, os lábios para beijar, acariciar os genitais do outro para muitos é uma fonte de prazer, e não há nada de feio, de pervertido, na sua prática. Pode ser uma experiência gostosa, que dá prazer para quem se aventura seguir por este caminho.

A prática de sexo anal, quando o pênis penetra o ânus, é uma outra possibilidade de variação que proporciona prazer, e, também, não há nada de feio em praticá-lo. A maioria dos homens gosta e tem muito prazer, mas muitas mulheres não sentem prazer, não gostam de praticar o sexo anal.

O que conta em matéria de prazer é que os envolvidos se sintam bem, façam aquilo que querem fazer, com respeito aos seus próprios limites, seus gostos e preferências. Fazer qualquer coisa por obrigação, contra a vontade, não combina com prazer. E lembre-se sempre de que o prazer combina, sim, com camisinha.

O ORGASMO: UM PONTO ALTO DAS BELAS VIAGENS

Quando você sente desejo sexual, seu corpo reage e você se excita. E, se essa excitação vai aumentando, ela passa a tomar conta de todo o seu corpo e faz você ter as reações mais diversas – o coração começa a bater mais rápido, a respiração se altera, o rosto esquenta, o corpo todo pode ficar arrepiado, uma sensação de formigamento por dentro que chega até seus órgãos sexuais.

Todas essas sensações podem ficar cada vez mais fortes, podem crescer até chegar ao clímax, e aí então você chega a um ponto alto do prazer sexual: um orgasmo. O orgasmo é uma sensação forte de prazer, difícil de explicar, que cada um sente de um jeito e que faz cada um reagir de uma maneira diferente. Algumas vezes, você pode ter vontade de gemer alto e até gritar. Outras vezes, você pode querer curtir essa sensação em silêncio.

Um orgasmo não é obrigatoriamente igual a outro que você já tenha tido. Certo dia, ele pode chegar mais de manso, pode ser mais suave, mais sutil, outras vezes, pode fazer você sentir uma explosão por dentro, que faz você perder, por alguns segundos, a noção do tempo, a noção de onde você está. E tem vezes em que ele não acontece.

É isso mesmo, por mais excitação, por mais tesão que você esteja sentindo, o orgasmo pode simplesmente não acontecer, assim como quando você tem vontade de dar um espirro, quase consegue, e o espirro não sai. O fato de você não ter conseguido espirrar naquela hora não significa que você esteja com algum problema ou que nunca mais vai conseguir espirrar. Da mesma forma, o fato de você não conseguir atingir o orgasmo em certas ocasiões não quer dizer que você tenha algum problema.

É comum os rapazes se excitarem mais rapidamente que as garotas e logo chegarem ao orgasmo durante a relação sexual. Normalmente, no momento em que o homem ejacula, ele sente, junto com a ejaculação, um orgasmo: ele goza. Mas pode acontecer de a ejaculação não estar acompanhada dessa sensação forte de prazer. Às vezes, com a ejaculação, o homem pode sentir apenas um certo alívio.

As mulheres precisam de mais tempo, mais carícias, mais envolvimento do que os homens para se sentirem excitadas. Além disso, nem sempre a penetração do pênis na vagina consegue fazer uma mulher chegar ao orgasmo. A estimulação do clitóris é muito importante para que isso aconteça e, dependendo da posição, do jeito como é feito o movimento de entra-e-sai do pênis na vagina, essa estimulação do clitóris fica mais difícil ou não acontece, dificultando à mulher chegar ao orgasmo.

NÃO SE PRENDA A IMAGENS CRIADAS NAS NOVELAS, NOS FILMES

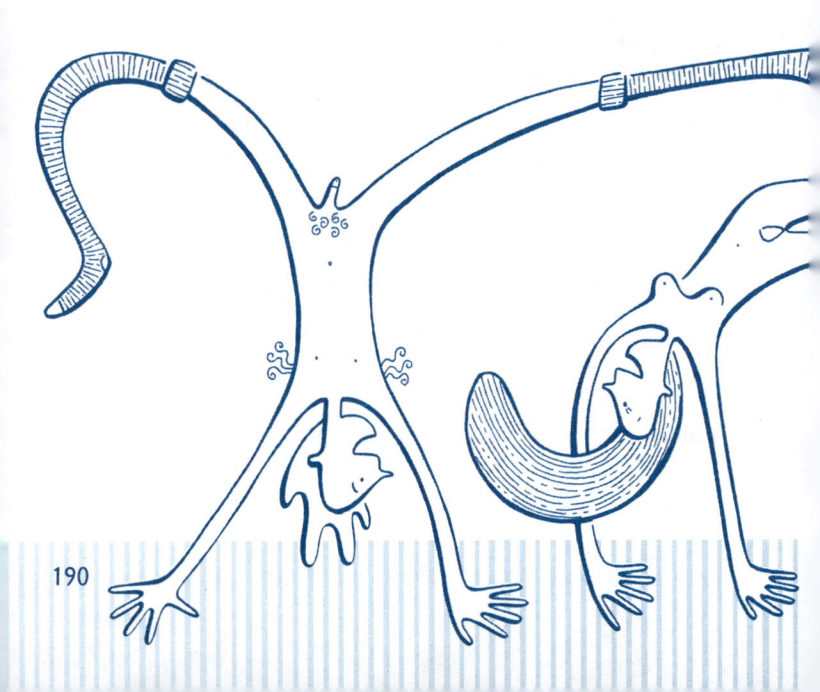

No início da sua vida sexual, quando tudo o que você está sentindo é novo, quando você ainda está aprendendo a conhecer as reações do seu corpo, a descobrir o que faz crescer em você essa excitação sexual, é difícil dar-se conta de tudo. Os garotos, por exemplo, quando começam a ter suas primeiras relações sexuais, não conseguem controlar essa sensação que vai aumentando e acabam gozando muito rápido, sem terem sentido todo o prazer que teriam se conseguissem esperar um pouco mais. Por outro lado, as garotas, como não apresentam um sinal tão visível (como a ejaculação) de que estão chegando ao clímax do prazer, ficam preocupadas demais em definir se o que estão sentindo é mesmo um orgasmo. Resultado: acabam bloqueando suas sensações e aí, sim, deixam de sentir prazer.

Agora, quando duas pessoas transam em novelas e nos filmes, não se esqueça, tudo aquilo é encenação. Tudo é cuidadosamente preparado, e os atores obedecem a um diretor de cenas para ter uma perfeita atuação: corpos suados que se movimentam num ritmo perfeito, fundo musical, iluminação, ambos chegando juntos ao orgasmo numa explosão de prazer. Por isso, não se sinta na obrigação de sempre ter orgasmo ou de ter um orgasmo igual ao descrito por essa ou aquela pessoa, por essa ou aquela revista. Cobrança excessiva, ansiedade, ficar se comparando aos outros em demasia, isso só atrapalha. Cada um tem de encontrar sua própria maneira de *chegar lá*.

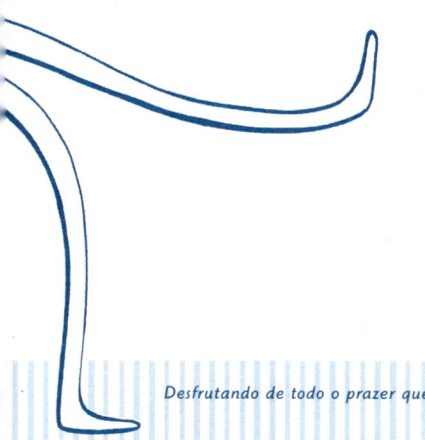

20. UMA VIAGEM PARA TODA A VIDA

O que faz muita diferença em uma viagem são as pessoas que encontramos, as pessoas com quem nos relacionamos. Às vezes você não consegue lembrar direito do que viu nesse ou naquele museu, pode esquecer do nome de algumas cidades que visitou, de alguns monumentos que viu, mas dificilmente vai se esquecer daquela pessoa que você conheceu por acaso e que acabou lhe dando dicas superimportantes, especiais mesmo, que tornaram a sua viagem ainda mais interessante; também não vai se esquecer daquele garçom que teve a maior paciência para entender o que você queria quando ainda não dominava a língua do país onde estava; ou ainda daquela pessoa que se sentou a seu lado num trem e conversou com você durante todo o percurso.

Os encontros e relacionamentos fazem parte das viagens e são fundamentais na descoberta e vivência da sua sexualidade, porque, imagino eu, você não vai querer ficar nessa de *sexo virtual*, não é? Na maior parte do tempo você vai ter companhia nessa sua viagem. Viajar sozinho pode ser agradável, gostoso, de vez em quando. Mas o que vai fazer a diferença na sua vida são os encontros reais que você tiver. O bom mesmo é ter com quem compartilhar as descobertas, as experiências vividas, os desafios a serem vencidos. O bom mesmo é ter alguém ao nosso lado com quem possamos contar, trocar, fazer planos, nos aventurar juntos por novos caminhos, alguém que se disponha a segurar qualquer barra que venha a surgir porque a gente sabe que nas viagens nem sempre tudo sai como o planejado ou o esperado. Às vezes a barra pesa, a gente se mete em apuros, e nessas horas nada como ter alguém que esteja ao nosso lado para o que der e vier.

Os relacionamentos, que podem ser rápidos, durar pouco, durar algum tempo ou até toda a vida, sempre deixam alguma marca em nós. Às vezes boas recordações, outras vezes nem tanto. *Como em quase tudo na vida, vai depender das escolhas que você fizer.*

Com o tempo, você aprende a reconhecer quem tem a ver com você, quem pode estar a fim de seguir viagem junto; aprende a escolher quais companhias são interessantes e podem acrescentar algo à sua viagem, têm o que trocar, o que compartilhar com você e quais não são legais, não batem com o seu jeito de sentir, de pensar, de ver as coisas. Aquela dica de usar a sua intuição, seus conhecimentos, de agir de acordo com seus valores vale também para quando você for escolher com quem se relacionar.

Para que os encontros aconteçam na sua vida, você precisa se ligar em quem cruza o seu caminho, você tem de se abrir para novas amizades, não pode deixar que o medo de levar um fora, o medo de não dar certo, de se envolver e depois ficar só afaste você das pessoas. Tudo isso faz parte da vida, faz parte dos relacionamentos. Assim como os encontros, as chegadas em novos lugares, as separações, as partidas para outras experiências também fazem parte da vida. Uma hora pode ser você quem decida mudar seus planos de viagem e queira seguir caminho com outra pessoa, outra hora pode ser a outra pessoa quem decida partir sozinha, seguir por um caminho diferente do seu. Nunca desanime, nunca jogue a toalha, o primeiro passo é acreditar que um dia você vai encontrar a pessoa que combina com você.

Não esqueça nunca: *quem deve decidir sobre o ritmo da sua viagem é você. Respeite o seu ritmo, o seu tempo.* Faça paradas estratégicas se você não sentir segurança em prosseguir pelo caminho escolhido, se sentir necessidade de reavaliar o rumo que sua viagem está tomando.

Quando você está indo viajar para um lugar aonde nunca foi antes, é normal ficar com a atenção mais voltada para o caminho e desfrutar menos da beleza da paisagem. Até você aprender bem *como* fazer para chegar a seu destino, até você ter condições de escolher o caminho que prefere fazer, tem de ir mais devagar, não pode ter vergonha de pedir informações, não pode ter medo de experimentar trajetos diferentes.

Depois de ir várias vezes ao mesmo lugar, é mais fácil relaxar e conseguir apreciar tudo o que há de bom em todo o percurso e chegar ao seu destino com maior tranqüilidade.

Na sua vida sexual, afetiva, acontece algo assim. À proporção que aumenta sua experiência e o conhecimento do seu corpo, quanto maior é o afeto, o envolvimento, a intimidade, o respeito, a cumplicidade entre você e seu par, mais facilmente você consegue desfrutar de todo o prazer que a atividade sexual pode lhe proporcionar, mais mágica e envolvente será a sua viagem.

Nessa fantástica viagem de vivência da sexualidade, o que importa, e muito, é você e seu par chegarem a seus destinos sãos e salvos, em plenas condições de desfrutar tudo o que há de melhor nesse lugar, de todo o prazer que o sexo pode trazer a vocês. E com vontade de voltar lá muitas e muitas outras vezes, porque a vivência da sexualidade, o relacionamento sexual, é uma viagem a ser feita por toda a vida.

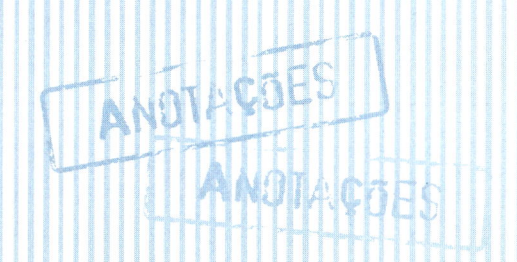

ANOTAÇÕES

ANOTAÇÕES